大方廣佛華嚴經

일러두기

1. 『대방광불화엄경 강설』 원문原文의 저본底本은 근세에 교정이 가장 잘 되었다고 정평이 나 있는 대만臺灣의 불타교육기금회佛陀教育基金會에서 출판한 『화엄경소초華嚴經疏鈔』본입니다.

2. 『대방광불화엄경 강설』은 실차난타實叉難陀가 695년부터 699년까지 4년에 걸쳐 번역해 낸 80권본卷本 『대방광불화엄경』을 우리말로 옮기고 강설을 붙인 것입니다.

3. 『대방광불화엄경』은 애초 산스크리트에서 한역漢譯된 경전이지만 현재 산스크리트 본은 소실된 상태입니다. 산스크리트를 음차한 경우 군이 원래 소리를 표기하려고 하기보다는 『표준국어대사전』이나 『불교사전』 등에 등재된 한자음을 사용하는 것을 원칙으로 하였습니다.

4. 경문의 한글 번역은 동국역경원본을 참고하여 그대로 또는 첨삭을 하며 의미대로 번역하고 다듬었습니다.

5. 각 품마다 내용에 따라 단락을 나누고 제목을 달았습니다. 단락의 제목은 주로 청량淸凉스님의 견해에 기초하였고 이통현李通玄장자의 견해를 참고로 하였습니다.

6. 『대방광불화엄경 강설』의 발행 순서는 한역 경전의 편재 순서를 기준으로 하였고 각 권은 단행본 한 권씩으로 출간될 예정이며 모두 80권으로 완간됩니다. 다만 80권본에 빠져 있는 「보현행원품」은 80권본 완역 및 강설 후 시리즈에 포함돼 추가될 예정입니다.

7. 『대방광불화엄경 강설』 안에서 불교용어를 풀이한 것은 운허스님이 저술하고 동국역경원에서 편찬한 『불교사전』을 인용하였습니다.

8. 각주의 청량스님의 소疏는 대만에서 입력한 大方廣佛華嚴經 사이트의 것을 사용하였습니다.

9. 『대방광불화엄경 강설』 입법계품에 들어가는 문수지남도는 북송北宋시대 불국佛國 선사가 선재동자가 53명의 선지식을 친견하여 법을 구하는 장면을 하나하나 그림으로 그린 것입니다.

대방광불화엄경 강설
제 9 권

五. 화장세계품華藏世界品 2

실차난타實叉難陀 한역
무비스님 강설

서문

봄에는 백화가 만발하고 가을에는 달이 밝다.

여름에는 시원한 바람 불고 겨울엔 흰 눈이 날린다.

만약 쓸데없는 일 마음속에 걸어 두지 않으면

곧 이것이 인간사의 호시절이다.

춘유백화추유월   하유양풍동유설
春有百花秋有月   夏有涼風冬有雪

약무한사괘심두   변시인간호시절
若無閑事掛心頭   便是人間好時節

　화장세계는 인류가 오랜 세월 이전부터 꿈꿔 오던 이상
향理想鄉이다. 유토피아며 무하유지향無何有之鄉이다.

　이러한 화장세계는 실로 언제나 우리들 눈앞에 펼쳐져 있
어서 이리 가도 화장세계, 저리 가도 화장세계, 넘어져도 화
장세계, 일어나도 화장세계다. 달리 어디 가서 화장세계를

찾을 것인가. 10만8천 억 국토를 지나서 극락세계를 찾을 것인가, 10억 광년 저 멀리에 가서 넘실대는 향수해를 찾을 것인가.

무변허공無邊虛空이 각소현발覺所顯發이라 하였다. 무수억 광년의 거리로도 다 잴 수 없는 무변한 허공이 우리들 한 마음의 깨달음에서 나타난 것이다. 태양계니, 은하계니, 소우주니, 대우주니 따져서 무엇하겠는가. 쓸데없는 일 마음속에 걸어 두지 않으면 이 자리가 그대로 화장세계인 것을.

2014년 6월 5일

신라 화엄종찰 금정산 범어사

如天 無比

대방광불화엄경 목차

대방광불화엄경 강설 제9권

五. 화장세계품華藏世界品 2

12. 화장세계의 규모 1

대방광불화엄경 강설

제9권

五. 화장세계품 2

80권의 화엄경 중에 화장세계품은 모두 3권이다. 이제 2권째다. 화장장엄세계는 처음에 풍륜이 있고, 그 풍륜 위에 향수해가 있고, 그 향수해에 큰 연꽃이 있고, 그 연꽃을 사방으로 돌아가면서 다이아몬드로 된 대윤위산이 있다. 또 대윤위산 안에 큰 땅이 있고, 그 큰 땅에 다시 향수해가 있다. 큰 땅 사이사이에 무수한 향수하香水河가 있어서 향수해로 흘러든다. 한량없는 향수해 가운데 또 연꽃이 있고, 그 연꽃 위에 세계종世界種이 있고, 하나하나의 세계종마다 또 말할 수 없이 많은 세계가 있다. 세계종은 위로 각각 20층이 있고, 중앙의 향수해와 세계종을 중심으로 해서 동쪽에 20층짜리 세계종, 다시 남쪽에 20층짜리 세계종, 그곳에서 오른쪽, 오른쪽, 오른쪽으로 계속해서 돌아가면서 각각 20층짜리의 세계종이 있음을 설명하고 있다. 그래서 화장세계품 제2권의 첫 제목이 동쪽의 이구염장향수해이다.

12. 화장세계의 규모 1

3) 동쪽의 이구염장離垢焰藏향수해

(1) 변조찰선徧照剎旋세계종

이시　　보현보살　　부고대중언　　　제불자
爾時에 **普賢菩薩**이 **復告大衆言**하사대 **諸佛子**야

차 무 변 묘 화 광 향 수 해 동　차 유 향 수 해　　　명 이
此無邊妙華光香水海東에 **次有香水海**하니 **名離**

구 염 장　　출 대 연 화　　명 일 체 향 마 니 왕 묘 장
垢焰藏이며 **出大蓮華**하니 **名一切香摩尼王妙莊**

엄　　유 세 계 종　이 주 기 상　　명 변 조 찰 선
嚴이요 **有世界種**이 **而住其上**하니 **名徧照剎旋**이라

이 보 살 행 후 음　　위 체
以菩薩行吼音으로 **爲體**하나라

　그때에 보현보살이 다시 대중들에게 말하였습니다.

"모든 불자들이여, 이 무변묘화광無邊妙華光향수해의 동쪽

에 다음 향수해가 있으니 이름이 이구염장離垢焰藏이니라. 큰 연꽃이 났으니 이름이 일체향마니왕묘장엄一切香摩尼王妙莊嚴이요, 세계종이 그 위에 있으니 이름이 변조찰선偏照刹旋이며, 보살행의 사자후 음성으로 체성이 되었느니라."

화장세계품의 두 번째 권이다. 무수히 많은 향수해 가운데 중앙에 있는 향수해를 중심으로 오른쪽으로 돌아가면서 열 향수해와 그 열 향수해에 따른 또 다른 많은 향수해들을 밝혔다. 무변묘화광無邊妙華光향수해는 대윤위산 안에 있는 무수히 많은 향수해 가운데 가장 중앙에 있는 향수해의 이름이다. 이 향수해를 중심으로 동쪽 방향으로 다음의 향수해 이름이 이구염장離垢焰藏이다. 이 향수해에 큰 연꽃이 피어 있고 그 연꽃 위에 변조찰선偏照刹旋이라는 세계종이 있다. 세계종이란 무수한 세계를 함유하고 있는 또 하나의 세계군이다.

(2) 20층의 세계

1〉제1층

차 중 최 하 방 유 세 계 명 궁 전 장 엄 당 기
此中最下方에 有世界하니 名宮殿莊嚴幢이라 其

형 사방 의일체보장엄해주 연화광망운
形이 四方이며 依一切寶莊嚴海住하야 蓮華光網雲

미부기상 불찰미진수세계 위요 순
으로 彌覆其上하고 佛刹微塵數世界가 圍繞하야 純

일 청 정 불 호 미 간 광 변 조
一淸淨하니 佛號는 眉間光徧照이시니라

"이 세계종 가운데 가장 아래쪽에 있는 세계는 이름
이 궁전장엄당宮殿莊嚴幢이니라. 그 형상은 네모가 났으
며, 온갖 보배장엄바다를 의지하여 머물며, 연꽃광명그
물구름이 그 위에 덮이었고, 불찰미진수 세계가 둘러싸
서 순일하게 청정하니, 부처님의 명호는 미간광변조眉間
光徧照이시니라."

변조찰선徧照刹旋세계종에 있는 20층의 세계를 설명하였
다. 세계의 이름과 형상과 의주와 위를 덮고 있음과 둘러쌈
과 부처님의 명호까지 밝혔으나, 앞에서 설명한 것과 비교하

면 약간 생략되었다. 그리고 앞으로 나아갈수록 생략은 더욱 심하다. 세계의 이름과 부처님의 명호만 열거하게 된다. 그것은 경을 읽는 사람의 느낌에 따라 달라지는 속도를 생각하면 짐작이 가는 부분이다. 그래서 과목도 매 층마다 일일이 다 밝히지 않고 20층 안에 다 넣었다.

2) 제2층

此上_에 過佛刹微塵數世界_{하야} 有世界_{하니} 名

德華藏_{이라} 其形_이 周圓_{이며} 依一切寶華蘂海住_{하야}

眞珠幢獅子座雲_{으로} 彌覆其上_{하고} 二佛刹微塵

數世界_가 圍繞_{하니} 佛號_는 一切無邊法海慧_{이시니라}

"이 위로 다시 불찰미진수 세계를 지나서 세계가 있으니 이름이 덕화장德華藏이니라. 그 형상은 둥글고, 온갖 보배꽃술바다를 의지하여 머물며, 진주깃대사자좌구

름이 그 위에 덮이었고, 두 불찰미진수 세계가 둘러쌌
으며, 부처님의 명호는 일체무변법해혜一切無邊法海慧이시
니라."

20층을 각각 한 층씩 올라가면서 설명한다. 1층에서
2층, 2층에서 3층, 3층에서 4층 이렇게 올라갈 때마다 불
찰미진수 세계를 지난다고 하였다. 불찰미진수 세계를 지
나는 한 층마다의 거리를 정확하게 알 수 없지만 지금의 표
현으로는 아마도 10억 광년의 거리쯤 되지 않을까 생각한
다. 불찰미진수라는 그 많은 세계를 낱낱이 다 설명할 수
는 없으므로 범위를 크게 잡아서 20층으로 나누어 설명하
였다.

3〉 제3층

차 상   과 불 찰 미 진 수 세 계   유 세 계   명 선
此上에 **過佛刹微塵數世界**하야 **有世界**하니 **名善**

변 화 묘 향 륜   형 여 금 강   의 일 체 보 장 엄 영
變化妙香輪이라 **形如金剛**이며 **依一切寶莊嚴鈴**

망 해 주　　종 종 장 엄 원 광 운　　미 부 기 상　　삼
網海住하야 種種莊嚴圓光雲으로 彌覆其上하고 三

불 찰 미 진 수 세 계　　위 요　　불 호　공 덕 상 광 명
佛刹微塵數世界가 圍繞하니 佛號는 功德相光明

보 조
普照이시니라

"이 위로 다시 불찰미진수 세계를 지나서 세계가 있
으니 이름이 선변화묘향륜善變化妙香輪이니라. 형상은 금
강과 같고, 온갖 보배로 장엄한 방울그물바다를 의지하
여 머물며, 갖가지 장엄의 둥근 광명구름이 그 위에 덮
이었고, 세 불찰미진수 세계가 둘러쌌으며, 부처님의 명
호는 공덕상광명보조功德相光明普照이시니라."

4〉 제4층

차 상　　과 불 찰 미 진 수 세 계　　유 세 계　　명 묘
此上에 過佛刹微塵數世界하야 有世界하니 名妙

색 광 명　　기 상　유 여 마 니 보 륜　　의 무 변 색 보
色光明이라 其狀이 猶如摩尼寶輪이며 依無邊色寶

향 수 해 주　　보 광 명 진 주 누 각 운　　미 부 기 상
香水海住하야 普光明眞珠樓閣雲으로 彌覆其上하고

사 불 찰 미 진 수 세 계　　위 요　　순 일 청 정　　불 호
四佛刹微塵數世界가 圍繞하야 純一淸淨하니 佛號는

선 권 속 출 흥 변 조
善眷屬出興徧照이시니라

"이 위로 다시 불찰미진수 세계를 지나서 세계가 있
으니 이름이 묘색광명妙色光明이니라. 그 형상은 마니보
배바퀴와 같고, 끝없는 색의 보배향수해를 의지하여 머
물며, 넓은 광명진주누각구름이 그 위에 덮이었고, 네
불찰미진수 세계가 둘러싸서 순일하게 청정하니, 부처
님의 명호는 선권속출흥변조善眷屬出興徧照이시니라."

5〉 제5층

차 상　　과 불 찰 미 진 수 세 계　　유 세 계　　　명
此上에 過佛刹微塵數世界하야 有世界하니 名

선 개 부　　상 여 연 화　　의 금 강 향 수 해 주　　이 진
善蓋覆라 狀如蓮華며 依金剛香水海住하야 離塵

광명향수운　　미부기상　　오불찰미진수세
光明香水雲으로 彌覆其上하고 五佛刹微塵數世

계　위요　　불호　법희무진혜
界가 圍繞하니 佛號는 法喜無盡慧이시니라

"이 위로 다시 불찰미진수 세계를 지나서 세계가 있
으니 이름이 선개부善蓋覆니라. 형상이 연꽃 같은데, 금
강향수해를 의지하여 머물며, 먼지 없는 광명향수구름
이 그 위에 덮이었고, 다섯 불찰미진수 세계가 둘러쌌
으며, 부처님의 명호는 법희무진혜法喜無盡慧이시니라."

6) 제6층

차상　과불찰미진수세계　　유세계　　명시
此上에 過佛刹微塵數世界하야 有世界하니 名尸

리화광륜　　기형　삼각　　의일체견고보장엄
利華光輪이라 其形이 三角이며 依一切堅固寶莊嚴

해주　　보살마니관광명운　　미부기상　　육
海住하야 菩薩摩尼冠光明雲으로 彌覆其上하고 六

불찰미진수세계　위요　　불호　청정보광명
佛刹微塵數世界가 圍繞하니 佛號는 淸淨普光明

이시니라

"이 위로 다시 불찰미진수 세계를 지나서 세계가 있으니 이름이 시리화광륜尸利華光輪이니라. 그 형상은 세모났고, 온갖 견고한 보배장엄바다를 의지하여 머물며, 보살의 마니관광명구름이 그 위에 덮이었고, 여섯 불찰미진수 세계가 둘러쌌으며, 부처님의 명호는 청정보광명淸淨普光明이시니라."

7〉 제7층

차상 과불찰미진수세계 유세계 명
此上에 **過佛刹微塵數世界**하야 **有世界**하니 **名**

보련화장엄 형여반월 의일체연화장엄
寶蓮華莊嚴이라 **形如半月**이며 **依一切蓮華莊嚴**

해주 일체보화운 미부기상 칠불찰미
海住하야 **一切寶華雲**으로 **彌覆其上**하고 **七佛刹微**

진수세계 위요 순일청정 불호 공덕화
塵數世界가 **圍繞**하야 **純一淸淨**하니 **佛號**는 **功德華**

청정안
淸淨眼이시니라

"이 위로 다시 불찰미진수 세계를 지나서 세계가 있

으니 이름이 보련화장엄寶蓮華莊嚴이니라. 형상은 반달 같고, 온갖 연꽃장엄바다를 의지하여 머물며, 온갖 보배 꽃구름이 그 위에 덮이었고, 일곱 불찰미진수 세계가 둘러싸서 순일하게 청정하니, 부처님의 명호는 공덕화청정안功德華淸淨眼이시니라."

8〉제8층

此上에 過佛刹微塵數世界하야 有世界하니 名無

垢焰莊嚴이라 其狀이 猶如寶燈行列이며 依寶焰藏

海住하야 常雨香水種種身雲으로 彌覆其上하고 八

佛刹微塵數世界가 圍繞하니 佛號는 慧力無能勝

이시니라

"이 위로 다시 불찰미진수 세계를 지나서 세계가 있으니 이름이 무구염장엄無垢焰莊嚴이니라. 그 형상은 보배

등불행렬 같고, 보배불꽃창고바다를 의지해 머물며, 항상 향수를 뿌리는 갖가지 몸구름이 그 위에 덮이었고, 여덟 불찰미진수 세계가 둘러쌌으며, 부처님의 명호는 혜력무능승慧力無能勝이시니라."

9〉 제9층

차상　과불찰미진수세계　유세계　명
此上에 **過佛刹微塵數世界**하야 **有世界**하니 **名**

묘범음　형여만자　의보의당해주　일체화
妙梵音이라 **形如卍字**며 **依寶衣幢海住**하야 **一切華**

장엄장운　미부기상　구불찰미진수세계
莊嚴帳雲으로 **彌覆其上**하고 **九佛刹微塵數世界**가

위요　불호　광대목여공중정월
圍繞하니 **佛號**는 **廣大目如空中淨月**이시니라

"이 위로 다시 불찰미진수 세계를 지나서 세계가 있으니 이름이 묘범음妙梵音이니라. 형상은 만卍 자 같고, 보배옷깃대바다를 의지해서 머물며, 온갖 꽃으로 장엄한 휘장구름이 그 위에 덮이었고, 아홉 불찰미진수 세

계가 둘러쌌으며, 부처님의 명호는 광대목여공중정월廣
大目如空中淨月이시니라."

10〉제10층

차상　과불찰미진수세계　　유세계　　명미
此上에 過佛剎微塵數世界하야 有世界하니 名微

진수음성　　기상　유여인다라망　　의일체보
塵數音聲이라 其狀이 猶如因陀羅網이며 依一切寶

수해주　　일체악음보개운　　미부기상　　십
水海住하야 一切樂音寶蓋雲으로 彌覆其上하고 十

불찰미진수세계　위요　　순일청정　　불호
佛剎微塵數世界가 圍繞하야 純一淸淨하니 佛號는

금색수미등
金色須彌燈이시니라

"이 위로 다시 불찰미진수 세계를 지나서 세계가 있
으니 이름이 미진수음성微塵數音聲이니라. 그 형상은 인다
라그물과 같고, 온갖 보배물바다를 의지하여 머물며, 음
악소리보배덮개구름이 그 위에 덮이었고, 열 불찰미진
수 세계가 둘러싸서 순일하게 청정하니, 부처님의 명호

는 금색수미등金色須彌燈이시니라."

11〉 제11층

此上에 過佛刹微塵數世界하야 有世界하니 名寶

色莊嚴이라 形如卍字며 依帝釋形寶王海住하야 日

光明華雲으로 彌覆其上하고 十一佛刹微塵數世

界가 圍繞하니 佛號는 逈照法界光明智이시니라

"이 위로 다시 불찰미진수 세계를 지나서 세계가 있
으니 이름이 보색장엄寶色莊嚴이니라. 그 형상은 만卍 자
같고, 제석帝釋 형상의 보배왕바다를 의지하여 머물며,
햇빛광명꽃구름이 그 위에 덮이었고, 열한 불찰미진수
세계가 둘러쌌으며, 부처님의 명호는 형조법계광명지逈
照法界光明智이시니라."

12〉 제12층

차상　　　과불찰미진수세계　　유세계　　명금
此上에 **過佛刹微塵數世界**하야 **有世界**하니 **名金**

색묘광　　기상　　유여광대성곽　　의일체보장
色妙光이라 **其狀**이 **猶如廣大城郭**이며 **依一切寶莊**

엄해주　　도량보화운　　미부기상　　십이불
嚴海住하야 **道場寶華雲**으로 **彌覆其上**하고 **十二佛**

찰미진수세계　위요　　불호　　보등보조당
刹微塵數世界가 **圍繞**하니 **佛號**는 **寶燈普照幢**이시니라

"이 위로 다시 불찰미진수 세계를 지나서 세계가 있
으니, 이름이 금색묘광金色妙光이니라. 그 형상은 넓고 큰
성곽과 같고, 온갖 보배장엄바다를 의지하여 머물며, 도
량보배꽃구름이 그 위에 덮이었고, 열두 불찰미진수 세
계가 둘러쌌으며, 부처님의 명호는 보등보조당寶燈普照幢
이시니라."

13〉 제13층

차상　　　과불찰미진수세계　　유세계　　명
此上에 **過佛刹微塵數世界**하야 **有世界**하니 **名**

변조광명륜　　　상여화선　　　의보의선해주
徧照光明輪이라 **狀如華旋**이며 **依寶衣旋海住**하야

불음성보왕누각운　　　미부기상　　　십삼불찰
佛音聲寶王樓閣雲으로 **彌覆其上**하고 **十三佛刹**

미진수세계　위요　　　순일청정　　　불호　연화
微塵數世界가 **圍繞**하야 **純一淸淨**하니 **佛號**는 **蓮華**

염변조
焰徧照이시니라

　"이 위로 다시 불찰미진수 세계를 지나서 세계가 있
으니 이름이 변조광명륜徧照光明輪이니라. 형상은 꽃을 돌
아가며 놓은 것 같고, 보배옷을 돌아가며 놓은 바다를 의
지하여 머물며, 부처님음성보배왕누각구름이 그 위에 덮
이었고, 열세 불찰미진수 세계가 둘러싸서 순일하게 청
정하니, 부처님의 명호는 연화염변조蓮華焰徧照이시니라."

14） 제14층

차상　과불찰미진수세계　　　유세계　　　명보
此上에 **過佛剎微塵數世界**하야 **有世界**하니 **名寶**

장 장 엄　　상 여 사 주　　의 보 영 락 수 미 주　　보 염
藏莊嚴이라 狀如四洲며 依寶瓔珞須彌住하야 寶焰

마 니 운　　미 부 기 상　　십 사 불 찰 미 진 수 세 계
摩尼雲으로 彌覆其上하고 十四佛刹微塵數世界가

위 요　　불 호　무 진 복 개 부 화
圍繞하니 佛號는 無盡福開敷華이시니라

"이 위로 다시 불찰미진수 세계를 지나서 세계가 있
으니 이름이 보장장엄寶藏莊嚴이니라. 형상은 사주四洲세
계 같고, 보배영락수미산을 의지하여 머물며, 보배불꽃
마니구름이 그 위에 덮이었고, 열네 불찰미진수 세계가
둘러쌌으며, 부처님의 명호는 무진복개부화無盡福開敷華이
시니라."

15〉 제15층

차 상　과 불 찰 미 진 수 세 계　　유 세 계　　명 여
此上에 過佛刹微塵數世界하야 有世界하니 名如

경 상 보 현　　기 상　유 여 아 수 라 신　　의 금 강 연
鏡像普現이라 其狀이 猶如阿修羅身이며 依金剛蓮

華海住_{하야} 寶冠光影雲_{으로} 彌覆其上_{하고} 十五佛

刹微塵數世界_가 圍繞_{하니} 佛號_는 甘露音_{이시니라}

"이 위로 다시 불찰미진수 세계를 지나서 세계가 있
으니 이름이 여경상보현如鏡像普現이니라. 그 형상은 아수
라의 몸과 같고, 금강연꽃바다를 의지하여 머물며, 보배
관광명그림자구름이 그 위에 덮이었고, 열다섯 불찰미
진수 세계가 둘러쌌으며, 부처님의 명호는 감로음甘露音
이시니라."

16〉 제16층

此上_에 過佛刹微塵數世界_{하야} 有世界_{하니} 名栴

檀月_{이라} 其形_이 八隅_며 依金剛栴檀寶海住_{하야} 眞

珠華摩尼雲_{으로} 彌覆其上_{하고} 十六佛刹微塵數

세계 위요 순일청정 불호 최승법무등
世界가 圍繞하야 純一淸淨하니 佛號는 最勝法無等

지
智이시니라

"이 위로 다시 불찰미진수 세계를 지나서 세계가 있
으니 이름이 전단월梅檀月이니라. 그 형상은 팔모가 났
고, 금강전단보배바다를 의지하여 머물며, 진주꽃마니
구름이 그 위에 덮이었고, 열여섯 불찰미진수 세계가
둘러싸서 순일하게 청정하니, 부처님의 명호는 최승법
무등지最勝法無等智이시니라."

17〉 제17층

차상 과불찰미진수세계 유세계 명
此上에 過佛刹微塵數世界하야 有世界하니 名

이구광명 기상 유여향수선류 의무변색
離垢光明이라 其狀이 猶如香水旋流며 依無邊色

보광해주 묘향광명운 미부기상 십칠
寶光海住하야 妙香光明雲으로 彌覆其上하고 十七

불찰미진수세계　위요　불호　변조허공광
佛刹微塵數世界가 **圍繞**하니 **佛號**는 **徧照虛空光**

명음
明音이시니라

"이 위로 다시 불찰미진수 세계를 지나서 세계가 있
으니 이름이 이구광명^{離垢光明}이니라. 그 형상은 향수가
소용돌이쳐 흐르는 것과 같고, 끝없는 빛보배광명바다
를 의지하여 머물며, 묘한 향광명구름이 그 위에 덮이
었고, 열일곱 불찰미진수 세계가 둘러쌌으며, 부처님의
명호는 변조허공광명음^{徧照虛空光明音}이시니라."

18〉 제18층

차상　과불찰미진수세계　유세계　명
此上에 **過佛刹微塵數世界**하야 **有世界**하니 **名**

묘화장엄　기상　유여선요지형　의일체화
妙華莊嚴이라 **其狀**이 **猶如旋繞之形**이며 **依一切華**

해주　일체악음마니운　미부기상　십팔
海住하야 **一切樂音摩尼雲**으로 **彌覆其上**하고 **十八**

불찰미진수세계　　위요　　불호　보현승광명
佛刹微塵數世界가 圍繞하니 佛號는 普現勝光明
이시니라

"이 위로 다시 불찰미진수 세계를 지나서 세계가 있
으니 이름이 묘화장엄妙華莊嚴이니라. 그 형상은 빙빙 도
는 모양 같고, 온갖 꽃바다를 의지하여 머물며, 온갖 음
악소리마니구름이 그 위에 덮이었고, 열여덟 불찰미진
수 세계가 둘러쌌으며, 부처님의 명호는 보현승광명普現
勝光明이시니라."

19〉 제19층

차　상　　과불찰미진수세계　　　유세계　　　명승
此上에 過佛刹微塵數世界하야 有世界하니 名勝

음 장 엄　　 기 상　　유 여 사 자 지 좌　　의 금 사 자 좌
音莊嚴이라 其狀이 猶如獅子之座며 依金獅子座

해 주　　　중 색 연 화 장 사 자 좌 운　　　미 부 기 상
海住하야 衆色蓮華藏獅子座雲으로 彌覆其上하고

십 구 불 찰 미 진 수 세 계　　위 요　　　불 호　　무 변 공
十九佛刹微塵數世界가 圍繞하니 佛號는 無邊功

덕 칭 보 광 명
德稱普光明이시니라

"이 위로 다시 불찰미진수 세계를 지나서 세계가 있
으니 이름이 승음장엄勝音莊嚴이니라. 그 형상은 사자좌
와 같고, 금사자좌바다를 의지하여 머물며, 여러 빛깔
연화장사자좌구름이 그 위에 덮이었고, 열아홉 불찰미
진수 세계가 둘러쌌으며, 부처님의 명호는 무변공덕칭
보광명無邊功德稱普光明이시니라."

20〉 제20층

차 상　　과 불 찰 미 진 수 세 계　　유 세 계　　 명 고
此上에 **過佛刹微塵數世界**하야 **有世界**하니 **名高**

승 등　　상 여 불 장　　의 보 의 복 향 당 해 주　　일
勝燈이라 **狀如佛掌**이며 **依寶衣服香幢海住**하야 **日**

륜 보 조 보 왕 누 각 운　　미 부 기 상　　이 십 불 찰
輪普照寶王樓閣雲으로 **彌覆其上**하고 **二十佛刹**

미 진 수 세 계　　위 요　　순 일 청 정　　불 호　　보 조
微塵數世界가 **圍繞**하야 **純一淸淨**하니 **佛號**는 **普照**

허 공 등
虛空燈이시니라

　"이 위로 다시 불찰미진수 세계를 지나서 세계가 있으니 이름이 고승등高勝燈이니라. 형상은 부처님 손바닥과 같고, 보배옷향기깃대바다를 의지하여 머물며, 햇빛 두루 비치는 보배왕누각구름이 그 위에 덮이었고, 스무 불찰미진수 세계가 둘러싸서 순일하게 청정하니, 부처님의 명호는 보조허공등普照虛空燈이시니라."

　여기까지가 "무변묘화광無邊妙華光향수해의 동쪽에 다음 향수해가 있으니 이름이 이구염장離垢焰藏이니라. 큰 연꽃이 났으니 이름이 일체향마니왕묘장엄一切香摩尼王妙莊嚴이요, 세계종이 그 위에 있으니 이름이 변조찰선徧照刹旋이며, 보살행의 사자후 음성으로 체성이 되었느니라."라고 하는 세계종의 20층 세계에 대한 내용이다. 세계의 이름과, 형상과, 의지하여 머무름과, 위를 덮고 있는 것과, 둘러싸고 있는 미진수 세계와, 부처님의 명호를 밝혔다.

4) 남쪽의 무진광명륜無盡光明輪향수해

(1) 불당장엄佛幢莊嚴세계종

제불자   차 이 구 염 장 향 수 해 남   차 유 향 수 해
諸佛子야 **此離垢焰藏香水海南**에 **次有香水海**

　　명 무 진 광 명 륜　　　세 계 종　　명 불 당 장 엄
하니 **名無盡光明輪**이요 **世界種**은 **名佛幢莊嚴**이라

이 일 체 불 공 덕 해 음 성　　　위 체
以一切佛功德海音聲으로 **爲體**하니라

"모든 불자들이여, 이 이구염장離垢焰藏향수해 남쪽에 다음 향수해가 있으니 이름이 무진광명륜無盡光明輪이요, 세계종의 이름은 불당장엄佛幢莊嚴이니라. 온갖 부처님공덕바다음성으로 체성을 삼았느니라."

가장 중앙에 있는 향수해와 세계종에서 동쪽 향수해와 세계종으로, 그리고 다시 남쪽 향수해와 세계종으로 이어가면서 설명하고 있다. 남쪽의 향수해는 무진광명륜이며, 세계종은 불당장엄이다. 이 불당장엄세계종에 있는 20층의 세계를 설명하려 한다. 맨 밑에 있는 1층은 세계 이름과 형상

과 의지하여 머무름과 위를 덮고 있음과 둘러싸고 있음과 부처님의 명호까지 설명하였다. 그런데 2층부터는 세계의 이름과 부처님의 명호만 거론하였다. 그리고 마지막 20층은 다시 좀 자세히 설명하였다. 너무 장황하고 번거롭기 때문이리라. 그러므로 이제부터는 매 층마다의 제목도 생략한다.

(2) 20층의 세계

此中最下方_에 有世界_{하니} 名愛見華_라 狀如寶

輪_{이며} 依摩尼樹藏寶王海住_{하야} 化現菩薩形寶

藏雲_{으로} 彌覆其上_{하고} 佛刹微塵數世界_가 圍繞_{하야}

純一淸淨_{하니} 佛號_는 蓮華光歡喜面_{이시니라}

"이 가운데 가장 아래쪽에 있는 세계의 이름은 애견화愛見華이니라. 형상은 보배바퀴 같고, 마니보석나무창

고보배왕바다를 의지해서 머물며, 보살의 형상을 화현하는 보배창고구름이 그 위에 덮이었고, 불찰미진수 세계가 둘러싸서 순일하게 청정하니, 부처님의 명호는 연화광환희면蓮華光歡喜面이시니라."

차상   과불찰미진수세계   유세계   명
此上에 **過佛刹微塵數世界**하야 **有世界**하니 **名**

묘음   불호   수미보등
妙音이요 **佛號**는 **須彌寶燈**이시니라

"이 위로 다시 불찰미진수 세계를 지나서 세계가 있으니 이름은 묘음妙音이고, 부처님의 명호는 수미보등須彌寶燈이시니라."

차상   과불찰미진수세계   유세계   명
此上에 **過佛刹微塵數世界**하야 **有世界**하니 **名**

중보장엄광   불호   법계음성당
衆寶莊嚴光이요 **佛號**는 **法界音聲幢**이시니라

"이 위로 다시 불찰미진수 세계를 지나서 세계가 있으니 이름은 중보장엄광眾寶莊嚴光이고, 부처님의 명호는 법계음성당法界音聲幢이시니라."

차상　과불찰미진수세계　　유세계　　명향
此上에 **過佛刹微塵數世界**하야 **有世界**하니 **名香**

장금강　　불호　　광명음
藏金剛이요 **佛號**는 **光明音**이시니라

"이 위로 다시 불찰미진수 세계를 지나서 세계가 있으니 이름은 향장금강香藏金剛이고, 부처님의 명호는 광명음光明音이시니라."

차상　과불찰미진수세계　　유세계　　명정
此上에 **過佛刹微塵數世界**하야 **有世界**하니 **名淨**

묘음　　불호　　최승정진력
妙音이요 **佛號**는 **最勝精進力**이시니라

"이 위로 다시 불찰미진수 세계를 지나서 세계가 있으니 이름은 정묘음淨妙音이고, 부처님의 명호는 최승정

진력最勝精進力이시니라."

차 상　과 불 찰 미 진 수 세 계　　유 세 계　　명 보
此上에 **過佛刹微塵數世界**하야 **有世界**하니 **名寶**

련 화 장 엄　　불 호　　법 성 운 뢰 음
蓮華莊嚴이요 **佛號**는 **法城雲雷音**이시니라

"이 위로 다시 불찰미진수 세계를 지나서 세계가 있
으니 이름은 보련화장엄寶蓮華莊嚴이고, 부처님의 명호는
법성운뢰음法城雲雷音이시니라."

차 상　과 불 찰 미 진 수 세 계　　유 세 계　　명 여
此上에 **過佛刹微塵數世界**하야 **有世界**하니 **名與**

안 락　　불 호　　대 명 칭 지 혜 등
安樂이요 **佛號**는 **大名稱智慧燈**이시니라

"이 위로 다시 불찰미진수 세계를 지나서 세계가 있
으니 이름은 여안락與安樂이고, 부처님의 명호는 대명칭
지혜등大名稱智慧燈이시니라."

차상   과불찰미진수세계   유세계   명무
此上에 **過佛刹微塵數世界**하야 **有世界**하니 **名無**

구망   불호   사자광공덕해
垢網이요 **佛號**는 **獅子光功德海**이시니라

"이 위로 다시 불찰미진수 세계를 지나서 세계가 있
으니 이름은 무구망無垢網이고, 부처님의 명호는 사자광
공덕해獅子光功德海이시니라."

차상   과불찰미진수세계   유세계   명화
此上에 **過佛刹微塵數世界**하야 **有世界**하니 **名華**

림당변조   불호   대지연화광
林幢徧照요 **佛號**는 **大智蓮華光**이시니라

"이 위로 다시 불찰미진수 세계를 지나서 세계가 있
으니 이름은 화림당변조華林幢徧照이고, 부처님의 명호는
대지연화광大智蓮華光이시니라."

차상   과불찰미진수세계   유세계   명무
此上에 **過佛刹微塵數世界**하야 **有世界**하니 **名無**

량 장 엄   불 호   보 안 법 계 당
量莊嚴이요 佛號는 普眼法界幢이시니라

　"이 위로 다시 불찰미진수 세계를 지나서 세계가 있
으니 이름은 무량장엄無量莊嚴이고, 부처님의 명호는 보
안법계당普眼法界幢이시니라."

　　차 상   과 불 찰 미 진 수 세 계   유 세 계   명 보
　　此上에 過佛刹微塵數世界하야 有世界하니 名普

광 보 장 엄   불 호   승 지 대 상 주
光寶莊嚴이요 佛號는 勝智大商主이시니라

　"이 위로 다시 불찰미진수 세계를 지나서 세계가 있
으니 이름은 보광보장엄普光寶莊嚴이고, 부처님의 명호는
승지대상주勝智大商主이시니라."

　　차 상   과 불 찰 미 진 수 세 계   유 세 계   명 화
　　此上에 過佛刹微塵數世界하야 有世界하니 名華

왕   불 호   월 광 당
王이요 佛號는 月光幢이시니라

"이 위로 다시 불찰미진수 세계를 지나서 세계가 있으니 이름은 화왕華王이고, 부처님의 명호는 월광당月光幢이시니라."

차 상　　과 불 찰 미 진 수 세 계　　유 세 계　　명 이
此上에 **過佛刹微塵數世界**하야 **有世界**하니 **名離**

구 장　　불 호　　청 정 각
垢藏이요 **佛號**는 **淸淨覺**이시니라

"이 위로 다시 불찰미진수 세계를 지나서 세계가 있으니 이름은 이구장離垢藏이고, 부처님의 명호는 청정각淸淨覺이시니라."

차 상　　과 불 찰 미 진 수 세 계　　유 세 계　　명 보
此上에 **過佛刹微塵數世界**하야 **有世界**하니 **名寶**

광 명　　불 호　　일 체 지 허 공 등
光明이요 **佛號**는 **一切智虛空燈**이시니라

"이 위로 다시 불찰미진수 세계를 지나서 세계가 있으니 이름은 보광명寶光明이고, 부처님의 명호는 일체지

허공등一切智虛空燈이시니라."

차 상　과불찰미진수세계　유세계　명출
此上에 **過佛刹微塵數世界**하야 **有世界**하니 **名出**

생보영락　불호　제도복해상광명
生寶瓔珞이요 **佛號**는 **諸度福海相光明**이시니라

"이 위로 다시 불찰미진수 세계를 지나서 세계가 있
으니 이름은 출생보영락出生寶瓔珞이고, 부처님의 명호는
제도복해상광명諸度福海相光明이시니라."

차 상　과불찰미진수세계　유세계　명묘
此上에 **過佛刹微塵數世界**하야 **有世界**하니 **名妙**

륜변부　불호　조복일체염착심영환희
輪徧覆요 **佛號**는 **調伏一切染着心令歡喜**이시니라

"이 위로 다시 불찰미진수 세계를 지나서 세계가 있
으니 이름은 묘륜변부妙輪徧覆이고, 부처님의 명호는 조
복일체염착심영환희調伏一切染着心令歡喜이시니라."

차상　과불찰미진수세계　　유세계　　명보
此上에 過佛刹微塵數世界하야 有世界하니 名寶

화당　불호　광박공덕음대명칭
華幢이요 佛號는 廣博功德音大名稱이시니라

"이 위로 다시 불찰미진수 세계를 지나서 세계가 있
으니 이름은 보화당寶華幢이고, 부처님의 명호는 광박공
덕음대명칭廣博功德音大名稱이시니라."

차상　과불찰미진수세계　　유세계　　명무
此上에 過佛刹微塵數世界하야 有世界하니 名無

량장엄　　불호　평등지광명공덕해
量莊嚴이요 佛號는 平等智光明功德海이시니라

"이 위로 다시 불찰미진수 세계를 지나서 세계가 있
으니 이름은 무량장엄無量莊嚴이고, 부처님의 명호는 평
등지광명공덕해平等智光明功德海이시니라."

차상　과불찰미진수세계　　유세계　　명무
此上에 過佛刹微塵數世界하야 有世界하니 名無

진광장엄당   상여연화   의일체보망해주
盡光莊嚴幢이라 狀如蓮華며 依一切寶網海住하야

연화광마니망   미부기상   이십불찰미진수
蓮華光摩尼網으로 彌覆其上하고 二十佛刹微塵數

세계   위요   순일청정   불호   법계정광명
世界가 圍繞하야 純一淸淨하니 佛號는 法界淨光明

이시니라

　"이 위로 다시 불찰미진수 세계를 지나서 세계가 있
으니 이름은 무진광장엄당無盡光莊嚴幢이고, 형상은 연꽃
같은데, 온갖 보배그물바다를 의지하여 머물며, 연꽃빛
마니구름이 그 위에 덮이었고, 스무 불찰미진수 세계가
둘러싸서 순일하게 청정하니, 부처님의 명호는 법계정
광명法界淨光明이시니라."

　남쪽에 있는 제4 무진광명륜無盡光明輪향수해의 불당장엄
佛幢莊嚴세계종도 역시 앞과 같이 형상과 의지하여 머무름과
위를 덮고 있음과 몇 겹으로 둘러싸고 있는지 등등을 20층
이 모두 갖추고 있으나 번거로움을 피하기 위하여 제1층과
마지막 제20층만 밝혔다.

5) 금강보염광金剛寶焰光향수해

(1) 불광장엄장佛光莊嚴藏세계종

제불자 차 무 진 광 명 륜 향 수 해 우 선   차 유 향
諸佛子야 **此無盡光明輪香水海右旋**에 **次有香**

수 해   명 금 강 보 염 광   세 계 종   명 불 광 장 엄
水海하니 **名金剛寶焰光**이요 **世界種**은 **名佛光莊嚴**

장   이 칭 설 일 체 여 래 명 음 성   위 체
藏이라 **以稱說一切如來名音聲**으로 **爲體**하니라

"모든 불자들이여, 이 무진광명륜無盡光明輪향수해를
오른쪽으로 돌아서 다음 향수해가 있으니 이름이 금강
보염광金剛寶焰光이요, 세계종의 이름은 불광장엄장佛光莊嚴
藏이니라. 온갖 여래의 이름을 일컫는 음성으로 체성을
삼았느니라."

(2) 20층의 세계

차 중 최 하 방   유 세 계   명 보 염 연 화   기 상
此中最下方에 **有世界**하니 **名寶焰蓮華**라 **其狀**이

유 여 마 니 색 미 간 호 상　　의 일 체 보 색 수 선 해 주
猶如摩尼色眉間毫相이며 依一切寶色水漩海住

　　일 체 장 엄 누 각 운　　미 부 기 상　　불 찰 미 진
하야 一切莊嚴樓閣雲으로 彌覆其上하고 佛刹微塵

수 세 계　 위 요　　순 일 청 정　　불 호　 무 구 보 광
數世界가 圍繞하야 純一淸淨하니 佛號는 無垢寶光

명
明이시니라

　　"이 가운데 가장 아래쪽에 있는 세계의 이름은 보
염연화寶焰蓮華이고, 그 형상은 마니보석빛미간백호상 같
은데, 온갖 보석빛물이 소용돌이치는 바다를 의지하여
머물며, 온갖 장엄한 누각구름이 그 위에 덮이었고, 불
찰미진수 세계가 둘러싸서 순일하게 청정하니, 부처님
의 명호는 무구보광명無垢寶光明이시니라."

　　차 상　 과 불 찰 미 진 수 세 계　　유 세 계　　명 광
此上에 過佛刹微塵數世界하야 有世界하니 名光

염 장　　불 호　 무 애 자 재 지 혜 광
焰藏이요 佛號는 無礙自在智慧光이시니라

"이 위로 다시 불찰미진수 세계를 지나서 세계가 있으니 이름은 광염장光焰藏이고, 부처님의 명호는 무애자재지혜광無礙自在智慧光이시니라."

차 상   과 불 찰 미 진 수 세 계   유 세 계   명 보
此上에 **過佛刹微塵數世界**하야 **有世界**하니 **名寶**

륜 묘 장 엄   불 호   일 체 보 광 명
輪妙莊嚴이요 **佛號**는 **一切寶光明**이시니라

"이 위로 다시 불찰미진수 세계를 지나서 세계가 있으니 이름은 보륜묘장엄寶輪妙莊嚴이고, 부처님의 명호는 일체보광명一切寶光明이시니라."

차 상   과 불 찰 미 진 수 세 계   유 세 계   명 전
此上에 **過佛刹微塵數世界**하야 **有世界**하니 **名栴**

단 수 화 당   불 호   청 정 지 광 명
檀樹華幢이요 **佛號**는 **淸淨智光明**이시니라

"이 위로 다시 불찰미진수 세계를 지나서 세계가 있으니 이름은 전단수화당栴檀樹華幢이고, 부처님의 명호는

청정지광명淸淨智光明이시니라."

차상　과불찰미진수세계　　유세계　　명불
此上에 **過佛刹微塵數世界**하야 **有世界**하니 **名佛**

찰묘장엄　　불호　광대환희음
刹妙莊嚴이요 **佛號**는 **廣大歡喜音**이시니라

　"이 위로 다시 불찰미진수 세계를 지나서 세계가 있
으니 이름은 불찰묘장엄佛刹妙莊嚴이고, 부처님의 명호는
광대환희음廣大歡喜音이시니라."

차상　과불찰미진수세계　　유세계　　명묘
此上에 **過佛刹微塵數世界**하야 **有世界**하니 **名妙**

광장엄　　불호　법계자재지
光莊嚴이요 **佛號**는 **法界自在智**이시니라

　"이 위로 다시 불찰미진수 세계를 지나서 세계가 있
으니 이름은 묘광장엄妙光莊嚴이고, 부처님의 명호는 법
계자재지法界自在智이시니라."

차상　　과불찰미진수세계　　유세계　　명무
此上에 **過佛刹微塵數世界**하야 **有世界**하니 **名無**

변상　　불호　　무애지
邊相이요 **佛號**는 **無礙智**이시니라

"이 위로 다시 불찰미진수 세계를 지나서 세계가 있
으니 이름은 무변상無邊相이고, 부처님의 명호는 무애지
無礙智이시니라."

차상　　과불찰미진수세계　　유세계　　명염
此上에 **過佛刹微塵數世界**하야 **有世界**하니 **名焰**

운당　　불호　　연설불퇴륜
雲幢이요 **佛號**는 **演說不退輪**이시니라

"이 위로 다시 불찰미진수 세계를 지나서 세계가 있
으니 이름은 염운당焰雲幢이고, 부처님의 명호는 연설불
퇴륜演說不退輪이시니라."

차상　　과불찰미진수세계　　유세계　　명중
此上에 **過佛刹微塵數世界**하야 **有世界**하니 **名衆**

보 장 엄 청 정 륜　　불 호　　이 구 화 광 명
寶莊嚴淸淨輪이요 佛號는 離垢華光明이시니라

"이 위로 다시 불찰미진수 세계를 지나서 세계가 있
으니 이름은 중보장엄청정륜衆寶莊嚴淸淨輪이고, 부처님의
명호는 이구화광명離垢華光明이시니라."

차 상　　과 불 찰 미 진 수 세 계　　유 세 계　　명 광
此上에 過佛刹微塵數世界하야 有世界하니 名廣

대 출 리　　불 호　　무 애 지 일 안
大出離요 佛號는 無礙智日眼이시니라

"이 위로 다시 불찰미진수 세계를 지나서 세계가 있
으니 이름은 광대출리廣大出離이고, 부처님의 명호는 무
애지일안無礙智日眼이시니라."

차 상　　과 불 찰 미 진 수 세 계　　유 세 계　　명 묘
此上에 過佛刹微塵數世界하야 有世界하니 名妙

장 엄 금 강 좌　　불 호　　법 계 지 대 광 명
莊嚴金剛座요 佛號는 法界智大光明이시니라

"이 위로 다시 불찰미진수 세계를 지나서 세계가 있으니 이름은 묘장엄금강좌妙莊嚴金剛座이고, 부처님의 명호는 법계지대광명法界智大光明이시니라."

차 상 과 불 찰 미 진 수 세 계 유 세 계 명 지
此上에 **過佛剎微塵數世界**하야 **有世界**하니 **名智**

혜 보 장 엄 불 호 지 거 광 명 왕
慧普莊嚴이요 **佛號**는 **智炬光明王**이시니라

"이 위로 다시 불찰미진수 세계를 지나서 세계가 있으니 이름은 지혜보장엄智慧普莊嚴이고, 부처님의 명호는 지거광명왕智炬光明王이시니라."

차 상 과 불 찰 미 진 수 세 계 유 세 계 명 연
此上에 **過佛剎微塵數世界**하야 **有世界**하니 **名蓮**

화 지 심 묘 음 불 호 일 체 지 보 조
華池深妙音이요 **佛號**는 **一切智普照**이시니라

"이 위로 다시 불찰미진수 세계를 지나서 세계가 있

으니 이름은 연화지심묘음蓮華池深妙音이고, 부처님의 명호는 일체지보조一切智普照이시니라."

차상 과불찰미진수세계 유세계 명종
此上에 過佛刹微塵數世界하야 有世界하니 名種

종종색광명 불호 보광화왕운
種種色光明이요 佛號는 普光華王雲이시니라

"이 위로 다시 불찰미진수 세계를 지나서 세계가 있으니 이름은 종종색광명種種色光明이고, 부처님의 명호는 보광화왕운普光華王雲이시니라."

차상 과불찰미진수세계 유세계 명묘
此上에 過佛刹微塵數世界하야 有世界하니 名妙

보당 불호 공덕광
寶幢이요 佛號는 功德光이시니라

"이 위로 다시 불찰미진수 세계를 지나서 세계가 있으니 이름은 묘보당妙寶幢이고, 부처님의 명호는 공덕광功德光이시니라."

차상　　과불찰미진수세계　　유세계　　명마
此上에 **過佛刹微塵數世界**하야 **有世界**하니 **名摩**

니화호상광　　불호　　보음운
尼華毫相光이요 **佛號**는 **普音雲**이시니라

　"이 위로 다시 불찰미진수 세계를 지나서 세계가 있
으니 이름은 마니화호상광摩尼華毫相光이고, 부처님의 명
호는 보음운普音雲이시니라."

차상　　과불찰미진수세계　　유세계　　명심
此上에 **過佛刹微塵數世界**하야 **有世界**하니 **名甚**

심해　　불호　　시방중생주
深海요 **佛號**는 **十方衆生主**이시니라

　"이 위로 다시 불찰미진수 세계를 지나서 세계가 있
으니 이름은 심심해甚深海이고, 부처님의 명호는 시방중
생주十方衆生主이시니라."

차상　　과불찰미진수세계　　유세계　　명수
此上에 **過佛刹微塵數世界**하야 **有世界**하니 **名須**

미광　　불호　법계보지음
彌光이요 佛號는 法界普智音이시니라

"이 위로 다시 불찰미진수 세계를 지나서 세계가 있
으니 이름은 수미광須彌光이고, 부처님의 명호는 법계보
지음法界普智音이시니라."

차 상　과불찰미진수세계　　유세계　　명금
此上에 過佛刹微塵數世界하야 有世界하니 名金

련화　 불호　복덕장보광명
蓮華요 佛號는 福德藏普光明이시니라

"이 위로 다시 불찰미진수 세계를 지나서 세계가 있
으니 이름은 금련화金蓮華이고, 부처님의 명호는 복덕장
보광명福德藏普光明이시니라."

차 상　과불찰미진수세계　　유세계　　명보
此上에 過佛刹微塵數世界하야 有世界하니 名寶

장엄장　　형여만자　의일체향마니장엄수해
莊嚴藏이라 形如卍字며 依一切香摩尼莊嚴樹海

주   청정광명운   미부기상   이십불찰미
住하야 淸淨光明雲으로 彌覆其上하고 二十佛刹微

진수세계 위요   순일청정   불호 대변화
塵數世界가 圍繞하야 純一淸淨하니 佛號는 大變化

광명망
光明網이시니라

"이 위로 다시 불찰미진수 세계를 지나서 세계가 있
으니 이름은 보장엄장寶莊嚴藏이고, 형상은 만卍 자 같은
데, 온갖 향마니로 장엄한 나무바다를 의지하여 머물
며, 청정한 광명구름이 그 위에 덮이었고, 스무 불찰미
진수 세계가 둘러싸서 순일하게 청정하니, 부처님의 명
호는 대변화광명망大變化光明網이시니라."

제5 금강보염광金剛寶焰光 향수해의 불광장엄장佛光莊嚴藏세
계종도 역시 형상과 의지하여 머무름과 위를 덮고 있음과 둘
러싸고 있는 층수 등이 모두 갖춰져 있으나 번거로움을 피
하기 위하여 생략하였다. 다만 제1층과 마지막 제20층만
밝혔다.

6) 제청보장엄帝青寶莊嚴향수해

(1) 광조시방光照十方세계종

제불자   차금강보염향수해우선   차유향수
諸佛子야 **此金剛寶焰香水海右旋**에 **次有香水**

해   명제청보장엄   세계종   명광조시방
海하니 **名帝青寶莊嚴**이요 **世界種**은 **名光照十方**이라

의일체묘장엄연화향운주   이무변불음성
依一切妙莊嚴蓮華香雲住하야 **以無邊佛音聲**으로

위체
爲體하니라

"모든 불자들이여, 이 금강보염金剛焰향수해를 오른쪽으로 돌아서 다음 향수해가 있으니 이름이 제청보장엄帝青寶莊嚴이요, 세계종의 이름은 광조시방光照十方이니라. 온갖 묘한 장엄연꽃향기구름을 의지해서 머물며, 끝없는 부처님의 음성으로 체성을 삼았느니라."

(2) 20층의 세계

於此最下方에 有世界하니 名十方無盡色藏輪
어 차 최 하 방   유 세 계   명 시 방 무 진 색 장 륜

이라 其狀이 周迴에 有無量角이며 依無邊色一切寶
    기 상   주 회   유 무 량 각   의 무 변 색 일 체 보

藏海住하야 因陀羅網으로 而覆其上하고 佛刹微塵
장 해 주   인 다 라 망   이 부 기 상   불 찰 미 진

數世界가 圍繞하야 純一淸淨하니 佛號는 蓮華眼光
수 세 계   위 요   순 일 청 정   불 호   연 화 안 광

明徧照이시니라
명 변 조

"여기에서 가장 아래쪽에 세계가 있으니 이름은 시
방무진색장륜十方無盡色藏輪이고, 그 형상은 두루 돌아 헤
아릴 수 없는 모가 있으며, 끝없는 빛 온갖 보배창고바
다를 의지하여 머물며, 인다라그물이 그 위에 덮이었
고, 불찰미진수 세계가 둘러싸서 순일하게 청정하니, 부
처님의 명호는 연화안광명변조蓮華眼光明徧照이시니라."

차 상　　과 불 찰 미 진 수 세 계　　유 세 계　　명 정
此上에 過佛刹微塵數世界하야 有世界하니 名淨

묘 장 엄 장　　불 호　　무 상 혜 대 사 자
妙莊嚴藏이요 佛號는 無上慧大獅子이시니라

"이 위로 다시 불찰미진수 세계를 지나서 세계가 있
으니 이름은 정묘장엄장淨妙莊嚴藏이고, 부처님의 명호는
무상혜대사자無上慧大獅子이시니라."

차 상　　과 불 찰 미 진 수 세 계　　유 세 계　　명 출
此上에 過佛刹微塵數世界하야 有世界하니 名出

현 연 화 좌　　불 호　　변 조 법 계 광 명 왕
現蓮華座요 佛號는 徧照法界光明王이시니라

"이 위로 다시 불찰미진수 세계를 지나서 세계가 있
으니 이름은 출현연화좌出現蓮華座이고, 부처님의 명호는
변조법계광명왕徧照法界光明王이시니라."

차 상　　과 불 찰 미 진 수 세 계　　유 세 계　　명 보
此上에 過佛刹微塵數世界하야 有世界하니 名寶

당음　　불호　대공덕보명칭
幢音이요 **佛號**는 **大功德普名稱**이시니라

"이 위로 다시 불찰미진수 세계를 지나서 세계가 있으니 이름은 보당음寶幢音이고, 부처님의 명호는 대공덕보명칭大功德普名稱이시니라."

　　차상　　과불찰미진수세계　　유세계　　명금
此上에 **過佛刹微塵數世界**하야 **有世界**하니 **名金**

강보장엄장　　　불호　　연화일광명
剛寶莊嚴藏이요 **佛號**는 **蓮華日光明**이시니라

"이 위로 다시 불찰미진수 세계를 지나서 세계가 있으니 이름은 금강보장엄장金剛寶莊嚴藏이고, 부처님의 명호는 연화일광명蓮華日光明이시니라."

　　차상　　과불찰미진수세계　　유세계　　명인
此上에 **過佛刹微塵數世界**하야 **有世界**하니 **名因**

다라화월　　불호　　법자재지혜당
陀羅華月이요 **佛號**는 **法自在智慧幢**이시니라

"이 위로 다시 불찰미진수 세계를 지나서 세계가 있으니 이름은 인다라화월因陀羅華月이고, 부처님의 명호는 법자재지혜당法自在智慧幢이시니라."

차상 과불찰미진수세계 유세계 명묘
此上에 過佛刹微塵數世界하야 有世界하니 名妙

륜장 불호 대희청정음
輪藏이요 佛號는 大喜淸淨音이시니라

"이 위로 다시 불찰미진수 세계를 지나서 세계가 있으니 이름은 묘륜장妙輪藏이고, 부처님의 명호는 대희청정음大喜淸淨音이시니라."

차상 과불찰미진수세계 유세계 명묘
此上에 過佛刹微塵數世界하야 有世界하니 名妙

음장 불호 대력선상주
音藏이요 佛號는 大力善商主이시니라

"이 위로 다시 불찰미진수 세계를 지나서 세계가 있으니 이름은 묘음장妙音藏이고, 부처님의 명호는 대력선

상주大力善商主이시니라."

차상　　과불찰미진수세계　　유세계　　명청
此上에 **過佛刹微塵數世界**하야 **有世界**하니 **名清**

정월　　불호　　수미광지혜력
淨月이요 **佛號**는 **須彌光智慧力**이시니라

"이 위로 다시 불찰미진수 세계를 지나서 세계가 있으니 이름은 청정월淸淨月이고, 부처님의 명호는 수미광지혜력須彌光智慧力이시니라."

차상　　과불찰미진수세계　　유세계　　명무
此上에 **過佛刹微塵數世界**하야 **有世界**하니 **名無**

변장엄상　　불호　　방편원정월광
邊莊嚴相이요 **佛號**는 **方便願淨月光**이시니라

"이 위로 다시 불찰미진수 세계를 지나서 세계가 있으니 이름은 무변장엄상無邊莊嚴相이고, 부처님의 명호는 방편원정월광方便願淨月光이시니라."

차상　　　과불찰미진수세계　　　유세계　　　명묘
此上에 **過佛刹微塵數世界**하야 **有世界**하니 **名妙**

화음　　　불호　　　법해대원음
華音이요 **佛號**는 **法海大願音**이시니라

"이 위로 다시 불찰미진수 세계를 지나서 세계가 있
으니 이름은 묘화음妙華音이고, 부처님의 명호는 법해대
원음法海大願音이시니라."

차상　　　과불찰미진수세계　　　유세계　　　명일
此上에 **過佛刹微塵數世界**하야 **有世界**하니 **名一**

체보장엄　　　불호　　　공덕보광명상
切寶莊嚴이요 **佛號**는 **功德寶光明相**이시니라

"이 위로 다시 불찰미진수 세계를 지나서 세계가 있
으니 이름은 일체보장엄一切寶莊嚴이고, 부처님의 명호는
공덕보광명상功德寶光明相이시니라."

차상　　　과불찰미진수세계　　　유세계　　　명견
此上에 **過佛刹微塵數世界**하야 **有世界**하니 **名堅**

고지　　불호　　미음최승천
固地요 佛號는 美音最勝天이시니라

"이 위로 다시 불찰미진수 세계를 지나서 세계가 있
으니 이름은 견고지堅固地이고, 부처님의 명호는 미음최
승천美音最勝天이시니라."

차상　　과불찰미진수세계　　유세계　　　명보
此上에 過佛刹微塵數世界하야 有世界하니 名普

광선화　　불호　　대정진적정혜
光善化요 佛號는 大精進寂靜慧이시니라

"이 위로 다시 불찰미진수 세계를 지나서 세계가 있
으니 이름은 보광선화普光善化이고, 부처님의 명호는 대
성진적정혜大精進寂靜慧이시니라."

차상　　과불찰미진수세계　　유세계　　　명선
此上에 過佛刹微塵數世界하야 有世界하니 名善

수호장엄행　　불호　　견자생환희
守護莊嚴行이요 佛號는 見者生歡喜이시니라

"이 위로 다시 불찰미진수 세계를 지나서 세계가 있
으니 이름은 선수호장엄행善守護莊嚴行이고, 부처님의 명
호는 견자생환희見者生歡喜이시니라."

차 상　　과 불 찰 미 진 수 세 계　　　유 세 계　　　명 전
此上에 過佛刹微塵數世界하야 有世界하니 名栴

단 보 화 장　　불 호　　심 심 불 가 동 지 혜 광 변 조
檀寶華藏이요 佛號는 甚深不可動智慧光徧照이시니라

"이 위로 다시 불찰미진수 세계를 지나서 세계가 있
으니 이름은 전단보화장栴檀寶華藏이고, 부처님의 명호는
심심불가동지혜광변조甚深不可動智慧光徧照이시니라."

차 상　　과 불 찰 미 진 수 세 계　　　유 세 계　　　명 현
此上에 過佛刹微塵數世界하야 有世界하니 名現

종 종 색 상 해　　불 호　　보 방 부 사 의 승 의 왕 광 명
種種色相海요 佛號는 普放不思議勝義王光明이시니라

"이 위로 다시 불찰미진수 세계를 지나서 세계가 있
으니 이름은 현종종색상해現種種色相海이고, 부처님의 명

호는 보방부사의승의왕광명普放不思議勝義王光明이시니라."

차 상   과 불 찰 미 진 수 세 계   유 세 계   명 화
此上에 **過佛刹微塵數世界**하야 **有世界**하니 **名化**

현 시 방 대 광 명   불 호   승 공 덕 위 광 무 여 등
現十方大光明이요 **佛號**는 **勝功德威光無與等**이시니라

"이 위로 다시 불찰미진수 세계를 지나서 세계가 있
으니 이름은 화현시방대광명化現十方大光明이고, 부처님의
명호는 승공덕위광무여등勝功德威光無與等이시니라."

차 상   과 불 찰 미 진 수 세 계   유 세 계   명 수
此上에 **過佛刹微塵數世界**하야 **有世界**하니 **名須**

미 운 당   불 호   극 정 광 명 안
彌雲幢이요 **佛號**는 **極淨光明眼**이시니라

"이 위로 다시 불찰미진수 세계를 지나서 세계가 있
으니 이름은 수미운당須彌雲幢이고, 부처님의 명호는 극
정광명안極淨光明眼이시니라."

차상   과불찰미진수세계   유세계   명연
此上에 **過佛刹微塵數世界**하야 **有世界**하니 **名蓮**

화변조   기상   주원   의무변색중묘향마니
華徧照라 **其狀**이 **周圓**이며 **依無邊色衆妙香摩尼**

해주   일체승장엄운   이부기상   이십불
海住하야 **一切乘莊嚴雲**으로 **而覆其上**하고 **二十佛**

찰미진수세계   위요   순일청정   불호   해
刹微塵數世界가 **圍繞**하야 **純一淸淨**하니 **佛號**는 **解**

탈정진일
脫精進日이시니라

"이 위로 다시 불찰미진수 세계를 지나서 세계가 있으니 이름은 연화변조蓮華徧照이고, 그 형상은 둥글며, 끝없는 빛 온갖 묘한 향마니바다를 의지하여 머물며, 온갖 법장엄구름이 그 위에 덮이었고, 스무 불찰미진수 세계가 둘러싸서 순일하게 청정하니, 부처님의 명호는 해탈정진일解脫精進日이시니라."

제6 제청보장엄帝青寶莊嚴향수해의 광조시방光照十方세계종에도 역시 각 층마다 그 형상과 의지하여 머무름과 위를 덮고 있음과 둘러싸고 있는 층수 등을 다 갖추고 있으나 번거

로움을 피하기 위하여 생략하였다. 다만 제1층과 마지막 제
20층만 밝혔다.

7) 금강륜장엄저金剛輪莊嚴底향수해

(1) 묘간착인다라망妙間錯因陀羅網세계종

諸佛子_야 此帝靑寶莊嚴香水海右旋_에 次有香
水海_{하니} 名金剛輪莊嚴底_요 世界種_은 名妙間錯
因陀羅網_{이라} 普賢智所生音聲_{으로} 爲體_{하니라}

"모든 불자들이여, 이 제청보장엄帝靑寶莊嚴향수해를
오른쪽으로 돌아서 다음 향수해가 있으니 이름이 금강
륜장엄저金剛輪莊嚴底요, 세계종의 이름은 묘간착인다라망
妙間錯因陀羅網이니라. 보현보살의 지혜를 내는 음성으로
체성을 삼았느니라."

(2) 20층의 세계

차 중 최 하 방　유 세 계　　명 연 화 망　　기 상
此中最下方에 有世界하니 名蓮華網이라 其狀이

유 여 수 미 산 형　　의 중 묘 화 산 당 해 주　　불 경 계
猶如須彌山形이며 依衆妙華山幢海住하야 佛境界

마 니 왕 제 망 운　　이 부 기 상　　불 찰 미 진 수 세 계
摩尼王帝網雲으로 而覆其上하고 佛刹微塵數世界가

위 요　　순 일 청 정　　불 호　　법 신 보 각 혜
圍繞하야 純一清淨하니 佛號는 法身普覺慧이시니라

"이 가운데 가장 아래쪽에 세계가 있으니 이름은 연
화망蓮華網이고, 그 형상은 수미산 모양인데, 온갖 묘한
꽃산깃대바다를 의지하여 머물며, 부처님의 경계마니왕
제석천그물구름이 그 위에 덮이었고, 불찰미진수 세계
가 둘러싸서 순일하게 청정하니, 부처님의 명호는 법신
보각혜法身普覺慧이시니라."

차 상　　과 불 찰 미 진 수 세 계　　유 세 계　　명 무
此上에 過佛刹微塵數世界하야 有世界하니 名無

진일광명　　불호　　최승대각혜
盡日光明이요 佛號는 最勝大覺慧이시니라

"이 위로 다시 불찰미진수 세계를 지나서 세계가 있
으니 이름은 무진일광명無盡日光明이고, 부처님의 명호는
최승대각혜最勝大覺慧이시니라."

차상　　과불찰미진수세계　　유세계　　명보
此上에 過佛刹微塵數世界하야 有世界하니 名普

방묘광명　　불호　　대복운무진력
放妙光明이요 佛號는 大福雲無盡力이시니라

"이 위로 다시 불찰미진수 세계를 지나서 세계가 있
으니 이름은 보방묘광명普放妙光明이고, 부처님의 명호는
대복운무진력大福雲無盡力이시니라."

차상　　과불찰미진수세계　　유세계　　명수
此上에 過佛刹微塵數世界하야 有世界하니 名樹

화당　　불호　　무변지법계음
華幢이요 佛號는 無邊智法界音이시니라

"이 위로 다시 불찰미진수 세계를 지나서 세계가 있으니 이름은 수화당樹華幢이고, 부처님의 명호는 무변지법계음無邊智法界音이시니라."

차상   과불찰미진수세계   유세계   명진
此上에 過佛剎微塵數世界하야 有世界하니 名眞

주개   불호   바라밀사자빈신
珠蓋요 佛號는 波羅蜜獅子頻申이시니라

"이 위로 다시 불찰미진수 세계를 지나서 세계가 있으니 이름은 진주개眞珠蓋이고, 부처님의 명호는 바라밀 사자빈신波羅蜜獅子頻申이시니라."

차상   과불찰미진수세계   유세계   명무
此上에 過佛剎微塵數世界하야 有世界하니 名無

변음   불호   일체지묘각혜
邊音이요 佛號는 一切智妙覺慧이시니라

"이 위로 다시 불찰미진수 세계를 지나서 세계가 있으니 이름은 무변음無邊音이고, 부처님의 명호는 일체지

묘각혜一切智妙覺慧이시니라."

차상　과불찰미진수세계　　유세계　　명보
此上에 **過佛刹微塵數世界**하야 **有世界**하니 **名普**

견수봉　　불호　보현중생전
見樹峰이요 **佛號**는 **普現衆生前**이시니라

"이 위로 다시 불찰미진수 세계를 지나서 세계가 있
으니 이름은 보견수봉普見樹峰이고, 부처님의 명호는 보
현중생전普現衆生前이시니라."

차상　과불찰미진수세계　　유세계　　명사
此上에 **過佛刹微塵數世界**하야 **有世界**하니 **名獅**

자제망광　　불호　무구일금색광염운
子帝網光이요 **佛號**는 **無垢日金色光焰雲**이시니라

"이 위로 다시 불찰미진수 세계를 지나서 세계가 있
으니 이름은 사자제망광獅子帝網光이고, 부처님의 명호는
무구일금색광염운無垢日金色光焰雲이시니라."

차상　　과불찰미진수세계　　유세계　　명중
此上에 **過佛刹微塵數世界**하야 **有世界**하니 **名衆**

보간착　　불호　　제당최승혜
寶間錯이요 **佛號**는 **帝幢最勝慧**이시니라

"이 위로 다시 불찰미진수 세계를 지나서 세계가 있
으니 이름은 중보간착衆寶間錯이고, 부처님의 명호는 제
당최승혜帝幢最勝慧이시니라."

차상　　과불찰미진수세계　　유세계　　명무
此上에 **過佛刹微塵數世界**하야 **有世界**하니 **名無**

구광명지　　불호　　일체력청정월
垢光明地요 **佛號**는 **一切力淸淨月**이시니라

"이 위로 다시 불찰미진수 세계를 지나서 세계가 있
으니 이름은 무구광명지無垢光明地이고, 부처님의 명호는
일체력청정월一切力淸淨月이시니라."

차상　　과불찰미진수세계　　유세계　　명항
此上에 **過佛刹微塵數世界**하야 **有世界**하니 **名恒**

출탄불공덕음　　불호　여허공보각혜
出歎佛功德音이요 佛號는 如虛空普覺慧이시니라

"이 위로 다시 불찰미진수 세계를 지나서 세계가 있
으니 이름은 항출탄불공덕음恒出歎佛功德音이고, 부처님의
명호는 여허공보각혜如虛空普覺慧이시니라."

차상　　과불찰미진수세계　　　유세계　　명고
此上에 過佛刹微塵數世界하야 有世界하니 名高

염장　　불호　화현시방대운당
焰藏이요 佛號는 化現十方大雲幢이시니라

"이 위로 다시 불찰미진수 세계를 지나서 세계가 있
으니 이름은 고염장高焰藏이고, 부처님의 명호는 화현시
방대운당化現十方大雲幢이시니라."

차상　　과불찰미진수세계　　　유세계　　　명광
此上에 過佛刹微塵數世界하야 有世界하니 名光

엄도량　　불호　무등지변조
嚴道場이요 佛號는 無等智徧照이시니라

"이 위로 다시 불찰미진수 세계를 지나서 세계가 있
으니 이름은 광엄도량光嚴道場이고, 부처님의 명호는 무
등지변조無等智偏照이시니라."

此上에 過佛刹微塵數世界하야 有世界하니 名出
生一切寶莊嚴이요 佛號는 廣度衆生神通王이시니라

"이 위로 다시 불찰미진수 세계를 지나서 세계가 있
으니 이름은 출생일체보장엄出生一切寶莊嚴이고, 부처님의
명호는 광도중생신통왕廣度衆生神通王이시니라."

此上에 過佛刹微塵數世界하야 有世界하니 名光
嚴妙宮殿이요 佛號는 一切義成廣大慧이시니라

"이 위로 다시 불찰미진수 세계를 지나서 세계가 있
으니 이름은 광엄묘궁전光嚴妙宮殿이고, 부처님의 명호는

일체의성광대혜一切義成廣大慧이시니라."

차상   과불찰미진수세계   유세계   명이
此上에 過佛刹微塵數世界하야 有世界하니 名離

진적정   불호   부당현
塵寂靜이요 佛號는 不唐現이시니라

"이 위로 다시 불찰미진수 세계를 지나서 세계가 있
으니 이름은 이진적정離塵寂靜이고, 부처님의 명호는 부
당현不唐現이시니라."

차상   과불찰미진수세계   유세계   명마
此上에 過佛刹微塵數世界하야 有世界하니 名摩

니화당   불호   열의길상음
尼華幢이요 佛號는 悅意吉祥音이시니라

"이 위로 다시 불찰미진수 세계를 지나서 세계가 있
으니 이름은 마니화당摩尼華幢이고, 부처님의 명호는 열
의길상음悅意吉祥音이시니라."

차 상   과 불 찰 미 진 수 세 계   유 세 계   명 보
此上에 過佛刹微塵數世界하야 有世界하니 名普

운 장   기 상   유 여 누 각 지 형   의 종 종 궁 전 향
雲藏이라 其狀이 猶如樓閣之形이며 依種種宮殿香

수 해 주   일 체 보 등   미 부 기 상   이 십 불 찰
水海住하야 一切寶燈으로 彌覆其上하고 二十佛刹

미 진 수 세 계   위 요   순 일 청 정   불 호   최 승
微塵數世界가 圍繞하야 純一淸淨하니 佛號는 最勝

각 신 통 왕
覺神通王이시니라

"이 위로 다시 불찰미진수 세계를 지나서 세계가 있
으니 이름은 보운장普雲藏이고, 그 형상은 누각 모양인
데, 갖가지 궁전 향수해를 의지하여 머물며, 온갖 보배
등불이 그 위에 덮이었고, 스무 불찰미진수 세계가 둘
러싸서 순일하게 청정하니, 부처님의 명호는 최승각신
통왕最勝覺神通王이시니라."

제7 금강륜장엄저金剛輪莊嚴底 향수해의 묘간착인다라망妙
間錯因陀羅網세계종에도 매 층마다 낱낱이 그 형상과 의지하여
머무름과 위를 덮고 있음과 둘러싸고 있는 층수 등이 다 갖

쳐져 있으나 번거로움을 피하기 위하여 생략하였다. 다만 제1층과 마지막 제20층만 밝혔다.

8) 연화인다라망蓮華因陀羅網향수해

(1) 보현시방영普現十方影세계종

諸佛子야 此金剛輪莊嚴底香水海右旋에 次有
香水海하니 名蓮華因陀羅網이요 世界種은 名普現
十方影이라 依一切香摩尼莊嚴蓮華住하야 一切佛
智光音聲으로 爲體하니라

"모든 불자들이여, 이 금강륜장엄저金剛輪莊嚴低향수해에서 오른쪽으로 돌아서 다음 향수해가 있으니 이름이 연화인다라망蓮華因陀羅網이요, 세계종의 이름은 보현시방영普現十方影이니라. 온갖 향마니로 장엄한 연꽃을 의지하여 머물며, 온갖 부처님의 지혜광명음성으로 체성을 삼았느니라."

(2) 20층의 세계

此中最下方에 有世界하니 名衆生海寶光明이라
<small>차 중 최 하 방　유 세 계　명 중 생 해 보 광 명</small>

其狀이 猶如眞珠之藏이며 依一切摩尼瓔珞海旋
<small>기 상　유 여 진 주 지 장　의 일 체 마 니 영 락 해 선</small>

住하야 水光明摩尼雲으로 而覆其上하고 佛刹微塵
<small>주　수 광 명 마 니 운　이 부 기 상　불 찰 미 진</small>

數世界가 圍繞하야 純一淸淨하니 佛號는 不思議功
<small>수 세 계　위 요　순 일 청 정　불 호　부 사 의 공</small>

德徧照月이시니라
<small>덕 변 조 월</small>

"이 가운데 가장 아래쪽에 세계가 있으니 이름은 중
생해보광명衆生海寶光明이고, 그 형상은 진주창고와 같은
데, 온갖 마니영락바다돌림을 의지하여 머물며, 물의 광
명마니구름이 그 위에 덮이었고, 불찰미진수 세계가 둘
러싸서 순일하게 청정하니, 부처님의 명호는 부사의공
덕변조월不思議功德徧照月이시니라."

차상　　과불찰미진수세계　　유세계　　명묘
此上에 **過佛刹微塵數世界**하야 **有世界**하니 **名妙**

향륜　　불호　　무량력당
香輪이요 **佛號**는 **無量力幢**이시니라

"이 위로 다시 불찰미진수 세계를 지나서 세계가 있
으니 이름은 묘향륜妙香輪이고, 부처님의 명호는 무량력
당無量力幢이시니라."

차상　　과불찰미진수세계　　유세계　　명묘
此上에 **過佛刹微塵數世界**하야 **有世界**하니 **名妙**

광륜　　불호　　법계광음각오혜
光輪이요 **佛號**는 **法界光音覺悟慧**이시니라

"이 위로 다시 불찰미진수 세계를 지나서 세계가 있
으니 이름은 묘광륜妙光輪이고, 부처님의 명호는 법계광
음각오혜法界光音覺悟慧이시니라."

차상　　과불찰미진수세계　　유세계　　명후
此上에 **過佛刹微塵數世界**하야 **有世界**하니 **名吼**

성마니당   불호   연화광항수묘비
聲摩尼幢이요 佛號는 蓮華光恒垂妙臂이시니라

　"이 위로 다시 불찰미진수 세계를 지나서 세계가 있
으니 이름은 후성마니당吼聲摩尼幢이고, 부처님의 명호는
연화광항수묘비蓮華光恒垂妙臂이시니라."

차상   과불찰미진수세계   유세계   명극
此上에 過佛剎微塵數世界하야 有世界하니 名極
견고륜   불호   불퇴전공덕해광명
堅固輪이요 佛號는 不退轉功德海光明이시니라

　"이 위로 다시 불찰미진수 세계를 지나서 세계가 있
으니 이름은 극견고륜極堅固輪이고, 부처님의 명호는 불
퇴전공덕해광명不退轉功德海光明이시니라."

차상   과불찰미진수세계   유세계   명중
此上에 過佛剎微塵數世界하야 有世界하니 名衆
행광장엄   불호   일체지보승존
行光莊嚴이요 佛號는 一切智普勝尊이시니라

"이 위로 다시 불찰미진수 세계를 지나서 세계가 있으니 이름은 중행광장엄衆行光莊嚴이고, 부처님의 명호는 일체지보승존一切智普勝尊이시니라."

차 상   과 불 찰 미 진 수 세 계   유 세 계   명 사
此上에 過佛刹微塵數世界하야 有世界하니 名獅

자 좌 변 조   불 호   사 자 광 무 량 력 각 혜
子座徧照요 佛號는 獅子光無量力覺慧이시니라

"이 위로 다시 불찰미진수 세계를 지나서 세계가 있으니 이름은 사자좌변조獅子座徧照이고, 부처님의 명호는 사자광무량력각혜獅子光無量力覺慧이시니라."

차 상   과 불 찰 미 진 수 세 계   유 세 계   명 보
此上에 過佛刹微塵數世界하야 有世界하니 名寶

염 장 엄   불 호   일 체 법 청 정 지
焰莊嚴이요 佛號는 一切法淸淨智이시니라

"이 위로 다시 불찰미진수 세계를 지나서 세계가 있으니 이름은 보염장엄寶焰莊嚴이고, 부처님의 명호는 일

체법청정지一切法淸淨智이시니라."

차　상　　과　불　찰　미　진　수　세　계　　　유　세　계　　　명　무
此上에 **過佛刹微塵數世界**하야 **有世界**하니 **名無**

량　등　　　불　호　　무　우　상
量燈이요 **佛號**는 **無憂相**이시니라

"이 위로 다시 불찰미진수 세계를 지나서 세계가 있
으니 이름은 무량등無量燈이고, 부처님의 명호는 무우상
無憂相이시니라."

차　상　　과　불　찰　미　진　수　세　계　　　유　세　계　　　명　상
此上에 **過佛刹微塵數世界**하야 **有世界**하니 **名常**

문　불　음　　　불　호　　자　연　승　위　광
聞佛音이요 **佛號**는 **自然勝威光**이시니라

"이 위로 다시 불찰미진수 세계를 지나서 세계가 있
으니 이름은 상문불음常聞佛音이고, 부처님의 명호는 자
연승위광自然勝威光이시니라."

차상 과불찰미진수세계 유세계 명청
此上에 過佛刹微塵數世界하야 有世界하니 名淸

정변화 불호 금련화광명
淨變化요 佛號는 金蓮華光明이시니라

"이 위로 다시 불찰미진수 세계를 지나서 세계가 있
으니 이름은 청정변화淸淨變化이고, 부처님의 명호는 금
련화광명金蓮華光明이시니라."

차상 과불찰미진수세계 유세계 명보
此上에 過佛刹微塵數世界하야 有世界하니 名普

입시방 불호 관법계빈신혜
入十方이요 佛號는 觀法界頻申慧이시니라

"이 위로 다시 불찰미진수 세계를 지나서 세계가 있
으니 이름은 보입시방普入十方이고, 부처님의 명호는 관
법계빈신혜觀法界頻申慧이시니라."

차상 과불찰미진수세계 유세계 명치
此上에 過佛刹微塵數世界하야 有世界하니 名熾

연염　　불호　광염수긴나라왕
然焰이요 佛號는 光焰樹緊那羅王이시니라

"이 위로 다시 불찰미진수 세계를 지나서 세계가 있
으니 이름은 치연염熾然焰이고, 부처님의 명호는 광염수
긴나라왕光焰樹緊那羅王이시니라."

차　상　　과불찰미진수세계　　유세계　　명향
此上에 過佛刹微塵數世界하야 有世界하니 名香

광변조　　불호　　향등선화왕
光徧照요 佛號는 香燈善化王이시니라

"이 위로 다시 불찰미진수 세계를 지나서 세계가 있
으니 이름은 향광변조香光徧照이고, 부처님의 명호는 향
등선화왕香燈善化王이시니라."

차　상　　과불찰미진수세계　　유세계　　명무
此上에 過佛刹微塵數世界하야 有世界하니 名無

량화취륜　　불호　　보현불공덕
量華聚輪이요 佛號는 普現佛功德이시니라

"이 위로 다시 불찰미진수 세계를 지나서 세계가 있으니 이름은 무량화취륜無量華聚輪이고, 부처님의 명호는 보현불공덕普現佛功德이시니라."

차상　과불찰미진수세계　유세계　명중
此上에 過佛刹微塵數世界하야 有世界하니 名衆

묘보청정　불호　일체법평등신통왕
妙普淸淨이요 佛號는 一切法平等神通王이시니라

"이 위로 다시 불찰미진수 세계를 지나서 세계가 있으니 이름은 중묘보청정衆妙普淸淨이고, 부처님의 명호는 일체법평등신통왕一切法平等神通王이시니라."

차상　과불찰미진수세계　유세계　명금
此上에 過佛刹微塵數世界하야 有世界하니 名金

광해　불호　시방자재대변화
光海요 佛號는 十方自在大變化이시니라

"이 위로 다시 불찰미진수 세계를 지나서 세계가 있으니 이름은 금광해金光海이고, 부처님의 명호는 시방자

재대변화十方自在大變化이시니라."

차 상　　과 불 찰 미 진 수 세 계　　유 세 계　　　명 진
此上에 過佛刹微塵數世界하야 有世界하니 名眞

주 화 장　　불 호　　세 계 보 광 명 불 가 사 의 혜
珠華藏이요 佛號는 世界寶光明不可思議慧이시니라

"이 위로 다시 불찰미진수 세계를 지나서 세계가 있
으니 이름은 진주화장眞珠華藏이고, 부처님의 명호는 세
계보광명불가사의혜世界寶光明不可思議慧이시니라."

차 상　　과 불 찰 미 진 수 세 계　　유 세 계　　　명 제
此上에 過佛刹微塵數世界하야 有世界하니 名帝

석 수 미 사 자 좌　　불 호　　승 력 광
釋須彌獅子座요 佛號는 勝力光이시니라

"이 위로 다시 불찰미진수 세계를 지나서 세계가 있
으니 이름은 제석수미사자좌帝釋須彌獅子座이고, 부처님의
명호는 승력광勝力光이시니라."

차상   과불찰미진수세계   유세계   명무
此上에 過佛刹微塵數世界하야 有世界하니 名無

변보보조   기형   사방   의화림해주   보우
邊寶普照라 其形이 四方이며 依華林海住하야 普雨

무변색마니왕제망   이부기상   이십불찰
無邊色摩尼王帝網으로 而覆其上하고 二十佛刹

미진수세계   위요   순일청정   불호   변조
微塵數世界가 圍繞하야 純一淸淨하니 佛號는 徧照

세간최승음
世間最勝音이시니라

"이 위로 다시 불찰미진수 세계를 지나서 세계가 있
으니 이름은 무변보보조無邊寶普照이고, 그 형상은 네모인
데, 꽃숲바다를 의지하여 머물며, 끝없는 빛마니왕을 널
리 비 내리는 제석천 그물이 그 위에 덮이었고, 스무 불
찰미진수 세계가 둘러싸서 순일하게 청정하니, 부처님
의 명호는 변조세간최승음徧照世間最勝音이시니라."

제8 연화인다라망蓮華因陀羅網향수해의 보현시방영普現十方
影세계종에도 매 층마다 낱낱이 그 형상과 의지하여 머무름
과 위를 덮고 있음과 둘러싸고 있는 층수 등이 다 갖춰져 있

으나 번거로움을 피하기 위하여 생략하였다. 다만 제1층과
마지막 제20층만 밝혔다.

9) 적집보향장積集寶香藏향수해

(1) 일체위덕장엄一切威德莊嚴세계종

제불자　차연화인다라망향수해우선　차유
諸佛子야 **此蓮華因陀羅網香水海右旋**에 **次有**

향수해　　명적집보향장　　세계종　명일체위
香水海하니 **名積集寶香藏**이요 **世界種**은 **名一切威**

덕장엄　　이일체불법륜음성　　위체
德莊嚴이라 **以一切佛法輪音聲**으로 **爲體**하니라

"모든 불자들이여, 연화인다라망蓮華因陀羅網향수해에
서 오른쪽으로 돌아서 다음 향수해가 있으니 이름이 적
집보향장積集寶香藏이요, 세계종의 이름은 일체위덕장엄
一切威德莊嚴이니라. 일체 부처님의 법륜음성으로 체성을
삼았느니라."

(2) 20층의 세계

차중최하방　유세계　　명종종출생　　형여
此中最下方에 **有世界**하니 **名種種出生**이라 **形如**

금강　　의종종금강산당주　　금강보광운
金剛이며 **依種種金剛山幢住**하야 **金剛寶光雲**으로

이부기상　　불찰미진수세계　　위요　　순일
而覆其上하고 **佛刹微塵數世界**가 **圍繞**하야 **純一**

청정　　불호　연화안
淸淨하니 **佛號**는 **蓮華眼**이시니라

"이 가운데서 가장 아래쪽에 세계가 있으니 이름이
종종출생種種出生이고, 형상은 금강과 같은데, 갖가지 금
강산깃대를 의지하여 머물며, 금강보석빛구름이 그 위
에 덮이었고, 불찰미진수 세계가 둘러싸서 순일하게 청
정하니, 부처님의 명호는 연화안蓮華眼이시니라."

차상　　과불찰미진수세계　　유세계　　명희
此上에 **過佛刹微塵數世界**하야 **有世界**하니 **名喜**

견음　　불호　생희락
見音이요 **佛號**는 **生喜樂**이시니라

"이 위로 다시 불찰미진수 세계를 지나서 세계가 있으니 이름은 회견음喜見音이고, 부처님의 명호는 생희락生喜樂이시니라."

차상　　과불찰미진수세계　　유세계　　명보
此上에 過佛刹微塵數世界하야 有世界하니 名寶

장엄당　　불호　　일체지
莊嚴幢이요 佛號는 一切智이시니라

"이 위로 다시 불찰미진수 세계를 지나서 세계가 있으니 이름은 보장엄당寶莊嚴幢이고, 부처님의 명호는 일체지一切智이시니라."

차상　　과불찰미진수세계　　유세계　　명다
此上에 過佛刹微塵數世界하야 有世界하니 名多

라화보조　　불호　　무구적묘음
羅華普照요 佛號는 無垢寂妙音이시니라

"이 위로 다시 불찰미진수 세계를 지나서 세계가 있으니 이름은 다라화보조多羅華普照이고, 부처님의 명호는 무구적묘음無垢寂妙音이시니라."

차상　과불찰미진수세계　　유세계　　명변
此上에 過佛刹微塵數世界하야 有世界하니 名變

화광　　불호　청정공지혜월
化光이요 佛號는 淸淨空智慧月이시니라

"이 위로 다시 불찰미진수 세계를 지나서 세계가 있
으니 이름은 변화광變化光이고, 부처님의 명호는 청정공
지혜월淸淨空智慧月이시니라."

차상　과불찰미진수세계　　유세계　　명중
此上에 過佛刹微塵數世界하야 有世界하니 名衆

묘간착　　불호　개시복덕해밀운상
妙間錯이요 佛號는 開示福德海密雲相이시니라

"이 위로 다시 불찰미진수 세계를 지나서 세계가 있
으니 이름은 중묘간착衆妙間錯이고, 부처님의 명호는 개
시복덕해밀운상開示福德海密雲相이시니라."

차 상　과 불 찰 미 진 수 세 계　　유 세 계　　명 일
此上에 **過佛刹微塵數世界**하야 **有世界**하니 **名一**

체 장 엄 구 묘 음 성　　불 호　　환 희 운
切莊嚴具妙音聲이요 **佛號**는 **歡喜雲**이시니라

"이 위로 다시 불찰미진수 세계를 지나서 세계가 있
으니 이름은 일체장엄구묘음성一切莊嚴具妙音聲이고, 부처
님의 명호는 환희운歡喜雲이시니라."

차 상　과 불 찰 미 진 수 세 계　　유 세 계　　명 연
此上에 **過佛刹微塵數世界**하야 **有世界**하니 **名蓮**

화 지　불 호　　명 칭 당
華池요 **佛號**는 **名稱幢**이시니라

"이 위로 다시 불찰미진수 세계를 지나서 세계가 있
으니 이름은 연화지蓮華池이고, 부처님의 명호는 명칭당
名稱幢이시니라."

차 상　과 불 찰 미 진 수 세 계　　유 세 계　　명 일
此上에 **過佛刹微塵數世界**하야 **有世界**하니 **名一**

체 보 장 엄   불 호   빈 신 관 찰 안
切寶莊嚴이요 佛號는 頻申觀察眼이시니라

　"이 위로 다시 불찰미진수 세계를 지나서 세계가 있
으니 이름은 일체보장엄−切寶莊嚴이고, 부처님의 명호는
빈신관찰안頻申觀察眼이시니라."

　　차 상   과 불 찰 미 진 수 세 계   유 세 계   명 정
　　此上에 過佛刹微塵數世界하야 有世界하니 名淨

묘 화   불 호   무 진 금 강 지
妙華요 佛號는 無盡金剛智이시니라

　"이 위로 다시 불찰미진수 세계를 지나서 세계가 있
으니 이름은 정묘화淨妙華이고, 부처님의 명호는 무진금
강지無盡金剛智이시니라."

　　차 상   과 불 찰 미 진 수 세 계   유 세 계   명 연
　　此上에 過佛刹微塵數世界하야 有世界하니 名蓮

화 장 엄 성   불 호   일 장 안 보 광 명
華莊嚴城이요 佛號는 日藏眼普光明이시니라

"이 위로 다시 불찰미진수 세계를 지나서 세계가 있으니 이름은 연화장엄성蓮華莊嚴城이고, 부처님의 명호는 일장안보광명日藏眼普光明이시니라."

차상 과불찰미진수세계   유세계   명무
此上에 過佛刹微塵數世界하야 有世界하니 名無

량수봉   불호   일체법뢰음
量樹峰이요 佛號는 一切法雷音이시니라

"이 위로 다시 불찰미진수 세계를 지나서 세계가 있으니 이름은 무량수봉無量樹峰이고, 부처님의 명호는 일체법뢰음—切法雷音이시니라."

차상 과불찰미진수세계   유세계   명일
此上에 過佛刹微塵數世界하야 有世界하니 名日

광명   불호   개시무량지
光明이요 佛號는 開示無量智이시니라

"이 위로 다시 불찰미진수 세계를 지나서 세계가 있

으니 이름은 일광명日光明이고, 부처님의 명호는 개시무
량지開示無量智이시니라."

차상   과불찰미진수세계   유세계   명의
此上에 過佛刹微塵數世界하야 有世界하니 名依

지연화엽   불호   일체복덕산
止蓮華葉이요 佛號는 一切福德山이시니라

"이 위로 다시 불찰미진수 세계를 지나서 세계가 있
으니 이름은 의지연화엽依止蓮華葉이고, 부처님의 명호는
일체복덕산一切福德山이시니라."

차상   과불찰미진수세계   유세계   명풍
此上에 過佛刹微塵數世界하야 有世界하니 名風

보지   불호   일요근
普持요 佛號는 日耀根이시니라

"이 위로 다시 불찰미진수 세계를 지나서 세계가 있
으니 이름은 풍보지風普持이고, 부처님의 명호는 일요근
日耀根이시니라."

차상　과불찰미진수세계　유세계　명광
此上에 **過佛刹微塵數世界**하야 **有世界**하니 **名光**

명현현　불호　신광보조
明顯現이요 **佛號**는 **身光普照**이시니라

"이 위로 다시 불찰미진수 세계를 지나서 세계가 있
으니 이름은 광명현현光明顯現이고, 부처님의 명호는 신
광보조身光普照이시니라."

차상　과불찰미진수세계　유세계　명향
此上에 **過佛刹微塵數世界**하야 **有世界**하니 **名香**

뢰음금강보보조　불호　최승화개부상
雷音金剛寶普照요 **佛號**는 **最勝華開敷相**이시니라

"이 위로 다시 불찰미진수 세계를 지나서 세계가 있
으니 이름은 향뢰음금강보보조香雷音金剛寶普照이고, 부처
님의 명호는 최승화개부상最勝華開敷相이시니라."

차상　과불찰미진수세계　유세계　명제
此上에 **過佛刹微塵數世界**하야 **有世界**하니 **名帝**

망 장 엄　　형 여 난 순　　의 일 체 장 엄 해 주　　광
網莊嚴이라 形如欄楯이며 依一切莊嚴海住하야 光

염 누 각 운　　미 부 기 상　　이 십 불 찰 미 진 수 세
焰樓閣雲으로 彌覆其上하고 二十佛刹微塵數世

계　　위 요　　순 일 청 정　　불 호　시 현 무 외 운
界가 圍繞하야 純一淸淨하니 佛號는 示現無畏雲
이시니라

"이 위로 다시 불찰미진수 세계를 지나서 세계가 있
으니 이름은 제망장엄帝網莊嚴이고, 형상은 난간과 같은
데, 온갖 장엄바다를 의지하여 머물며, 빛나는 불꽃누
각구름이 그 위에 덮이었고, 스무 불찰미진수 세계가
둘러싸서 순일하게 청정하니, 부처님의 명호는 시현무
외운示現無畏雲이시니라."

제9 적집보향장積集寶香藏향수해의 일체위덕장엄一切威德莊嚴
세계종에도 매 층마다 낱낱이 그 형상과 의지하여 머무름과
위를 덮고 있음과 둘러싸고 있는 층수 등이 다 갖춰져 있으
나 번거로움을 피하기 위하여 생략하였다. 다만 제1층과 마
지막 제20층만 밝혔다.

10) 보장엄寶莊嚴향수해

(1) 보무구普無垢세계종

제불자   차 적 집 보 향 장 향 수 해 우 선   차 유
諸佛子야 **此積集寶香藏香水海右旋**에 **次有**

향 수 해   명 보 장 엄   세 계 종   명 보 무 구   이
香水海하니 **名寶莊嚴**이요 **世界種**은 **名普無垢**라 **以**

일 체 미 진 중 불 찰 신 변 성   위 체
一切微塵中佛刹神變聲으로 **爲體**하니라

"모든 불자들이여, 이 적집보향장積集寶香藏향수해에서 오른쪽으로 돌아서 다음 향수해가 있으니 이름이 보장엄寶莊嚴이요, 세계종의 이름은 보무구普無垢니라. 온갖 티끌 속 부처님 세계의 신통 변화하는 음성으로 체성을 삼았느니라."

(2) 20층의 세계

차 중 최 하 방   유 세 계   명 정 묘 평 탄   형 여
此中最下方에 **有世界**하니 **名淨妙平坦**이라 **形如**

보신   의일체보광륜해주   종종전단마니진
寶身이며 依一切寶光輪海住하야 種種栴檀摩尼眞

주운   미부기상   불찰미진수세계위요
珠雲으로 彌覆其上하고 佛刹微塵數世界圍繞하야

순일청정   불호   난최복무등당
純一淸淨하니 佛號는 難摧伏無等幢이시니라

"이 가운데서 가장 아래쪽에 있는 세계의 이름은 정
묘평탄淨妙平坦이고, 형상은 보배몸 같은데, 온갖 보배바
퀴바다를 의지하여 머물며, 갖가지 전단마니진주구름이
그 위에 덮이었고, 불찰미진수 세계가 둘러싸서 순일하
게 청정하니, 부처님의 명호는 난최복무등당難摧伏無等幢
이시니라."

차상   과불찰미진수세계   유세계   명치
此上에 過佛刹微塵數世界하야 有世界하니 名熾

연묘장엄   불호   연화혜신통왕
然妙莊嚴이요 佛號는 蓮華慧神通王이시니라

"이 위로 다시 불찰미진수 세계를 지나서 세계가 있
으니 이름은 치연묘장엄熾然妙莊嚴이고, 부처님의 명호는

연화혜신통왕蓮華慧神通王이시니라."

차상　　과불찰미진수세계　　유세계　　명미
此上에 過佛刹微塵數世界하야 有世界하니 名微

묘상륜당　　불호　시방대명칭무진광
妙相輪幢이요 佛號는 十方大名稱無盡光이시니라

　"이 위로 다시 불찰미진수 세계를 지나서 세계가 있
으니 이름은 미묘상륜당微妙相輪幢이고, 부처님의 명호는
시방대명칭무진광十方大名稱無盡光이시니라."

차상　　과불찰미진수세계　　유세계　　명염
此上에 過佛刹微塵數世界하야 有世界하니 名焰

장마니묘장엄　　　불호　대지혜견문개환희
藏摩尼妙莊嚴이요 佛號는 大智慧見聞皆歡喜이시니라

　"이 위로 다시 불찰미진수 세계를 지나서 세계가 있
으니 이름은 염장마니묘장엄焰藏摩尼妙莊嚴이고, 부처님의
명호는 대지혜견문개환희大智慧見聞皆歡喜이시니라."

차상 과불찰미진수세계 유세계 명묘
此上에 過佛刹微塵數世界하야 有世界하니 名妙

화장엄 불호 무량력최승지
華莊嚴이요 佛號는 無量力最勝智이시니라

"이 위로 다시 불찰미진수 세계를 지나서 세계가 있
으니 이름은 묘화장엄妙華莊嚴이고, 부처님의 명호는 무
량력최승지無量力最勝智이시니라."

차상 과불찰미진수세계 유세계 명출
此上에 過佛刹微塵數世界하야 有世界하니 名出

생정미진 불호 초승범
生淨微塵이요 佛號는 超勝梵이시니라

"이 위로 다시 불찰미진수 세계를 지나서 세계가 있
으니 이름은 출생정미진出生淨微塵이고, 부처님의 명호는
초승범超勝梵이시니라."

차상 과불찰미진수세계 유세계 명보
此上에 過佛刹微塵數世界하야 有世界하니 名普

광명변화향　　불호　　향상금강대력세
光明變化香이요 佛號는 香象金剛大力勢이시니라

　"이 위로 다시 불찰미진수 세계를 지나서 세계가 있
으니 이름은 보광명변화향普光明變化香이고, 부처님의 명
호는 향상금강대력세香象金剛大力勢이시니라."

　　　차 상　　과 불 찰 미 진 수 세 계　　유 세 계　　명 광
　　　此上에 過佛刹微塵數世界하야 有世界하니 名光

명선　　　불호　　의성선명칭
明旋이요 佛號는 義成善名稱이시니라

　"이 위로 다시 불찰미진수 세계를 지나서 세계가 있
으니 이름은 광명선光明旋이고, 부처님의 명호는 의성선
명칭義成善名稱이시니라."

　　　차 상　　과 불 찰 미 진 수 세 계　　유 세 계　　명 보
　　　此上에 過佛刹微塵數世界하야 有世界하니 名寶

영락해　　불호　　무비광변조
瓔珞海요 佛號는 無比光徧照이시니라

"이 위로 다시 불찰미진수 세계를 지나서 세계가 있으니 이름은 보영락해寶瓔珞海이고, 부처님의 명호는 무비광변조無比光偏照이시니라."

此上에 過佛刹微塵數世界하야 有世界하니 名妙
華燈幢이요 佛號는 究竟功德無礙慧燈이시니라

"이 위로 다시 불찰미진수 세계를 지나서 세계가 있으니 이름은 묘화등당妙華燈幢이고, 부처님의 명호는 구경공덕무애혜등究竟功德無礙慧燈이시니라."

此上에 過佛刹微塵數世界하야 有世界하니 名善
巧莊嚴이요 佛號는 慧日波羅蜜이시니라

"이 위로 다시 불찰미진수 세계를 지나서 세계가 있으니 이름은 선교장엄善巧莊嚴이고, 부처님의 명호는 혜

일바라밀慧日波羅蜜이시니라."

此上에 **過佛刹微塵數世界**하야 **有世界**하니 **名栴**

檀華普光明이요 **佛號**는 **無邊慧法界音**이시니라

"이 위로 다시 불찰미진수 세계를 지나서 세계가 있
으니 이름은 전단화보광명栴檀華普光明이고, 부처님의 명
호는 무변혜법계음無邊慧法界音이시니라."

此上에 **過佛刹微塵數世界**하야 **有世界**하니 **名帝**

網幢이요 **佛號**는 **燈光迥照**이시니라

"이 위로 다시 불찰미진수 세계를 지나서 세계가 있
으니 이름은 제망당帝網幢이고, 부처님의 명호는 등광형
조燈光迥照이시니라."

차상　　과 불 찰 미 진 수 세 계　　유 세 계　　명 정
此上에 **過佛刹微塵數世界**하야 **有世界**하니 **名淨**

화 륜　　불 호　　법 계 일 광 명
華輪이요 **佛號**는 **法界日光明**이시니라

"이 위로 다시 불찰미진수 세계를 지나서 세계가 있
으니 이름은 정화륜淨華輪이고, 부처님의 명호는 법계일
광명法界日光明이시니라."

차상　　과 불 찰 미 진 수 세 계　　유 세 계　　명 대
此上에 **過佛刹微塵數世界**하야 **有世界**하니 **名大**

위 요　　불 호　　무 변 공 덕 해 법 륜 음
威曜요 **佛號**는 **無邊功德海法輪音**이시니라

"이 위로 다시 불찰미진수 세계를 지나서 세계가 있
으니 이름은 대위요大威曜이고, 부처님의 명호는 무변공
덕해법륜음無邊功德海法輪音이시니라."

차상　　과 불 찰 미 진 수 세 계　　유 세 계　　명 동
此上에 **過佛刹微塵數世界**하야 **有世界**하니 **名同**

안 주 보 련 화 지　　불 호　　개 시 입 불 가 사 의 지
安住寶蓮華池요 佛號는 開示入不可思議智이시니라

"이 위로 다시 불찰미진수 세계를 지나서 세계가 있으니 이름은 동안주보련화지同安住寶蓮華池이고, 부처님의 명호는 개시입불가사의지開示入不可思議智이시니라."

차 상　　과 불 찰 미 진 수 세 계　　유 세 계　　명 평
此上에 過佛刹微塵數世界하야 有世界하니 名平
탄 지　　불 호　　공 덕 보 광 명 왕
坦地요 佛號는 功德寶光明王이시니라

"이 위로 다시 불찰미진수 세계를 지나서 세계가 있으니 이름은 평탄지平坦地이고, 부처님의 명호는 공덕보광명왕功德寶光明王이시니라."

차 상　　과 불 찰 미 진 수 세 계　　유 세 계　　명 향
此上에 過佛刹微塵數世界하야 有世界하니 名香
마 니 취　　불 호　　무 진 복 덕 해 묘 장 엄
摩尼聚요 佛號는 無盡福德海妙莊嚴이시니라

"이 위로 다시 불찰미진수 세계를 지나서 세계가 있으니 이름은 향마니취香摩尼聚이고, 부처님의 명호는 무진복덕해묘장엄無盡福德海妙莊嚴이시니라."

차상　　과불찰미진수세계　　유세계　　명미
此上에 **過佛刹微塵數世界**하야 **有世界**하니 **名微**

묘광명　　불호　　무등력보변음
妙光明이요 **佛號**는 **無等力普徧音**이시니라

"이 위로 다시 불찰미진수 세계를 지나서 세계가 있으니 이름은 미묘광명微妙光明이고, 부처님의 명호는 무등력보변음無等力普徧音이시니라."

차상　　과불찰미진수세계　　유세계　　명시
此上에 **過佛刹微塵數世界**하야 **有世界**하니 **名十**

방보견고장엄조요　　기형　　팔우　　의심왕마니
方普堅固莊嚴照耀라 **其形**이 **八隅**며 **依心王摩尼**

륜해주　　일체보장엄장운　　미부기상　　이
輪海住하야 **一切寶莊嚴帳雲**으로 **彌覆其上**하고 **二**

십 불 찰 미 진 수 세 계　　　위 요　　　순 일 청 정　　　불
十佛刹微塵數世界가 圍繞하야 純一淸淨하니 佛

호　　보 안 대 명 등
號는 普眼大明燈이시니라

　　"이 위로 다시 불찰미진수 세계를 지나서 세계가 있
으니 이름은 시방보견고장엄조요十方普堅固莊嚴照耀이고, 그
형상은 여덟모가 났는데, 심왕心王마니바퀴바다를 의지
하여 머물며, 온갖 보배장엄휘장구름이 그 위에 덮이었
고, 스무 불찰미진수 세계가 둘러싸서 순일하게 청정하
니, 부처님의 명호는 보안대명등普眼大明燈이시니라."

　　제10 보장엄寶莊嚴향수해의 보무구普無垢세계종에도 매 층
마다 낱낱이 그 형상과 의지하여 머무름과 위를 덮고 있음
과 둘러싸고 있는 층수 등이 다 갖춰져 있으나 번거로움을
피하기 위하여 생략하였다. 다만 제1층과 마지막 제20층만
밝혔다.

11) 금강보취金剛寶聚향수해

(1) 법계행法界行세계종

諸佛子_야 此寶莊嚴香水海右旋_에 次有香水
海_{하니} 名金剛寶聚_요 世界種_은 名法界行_{이라} 以一
切菩薩地方便法音聲_{으로} 爲體_{하니라}

"모든 불자들이여, 이 보장엄寶莊嚴향수해에서 오른쪽
으로 돌아서 다음 향수해가 있으니 이름이 금강보취金剛
寶聚요, 세계종의 이름은 법계행法界行이니라. 온갖 보살
지위의 방편법음성으로 체성을 삼았느니라."

(2) 20층의 세계

此中最下方_에 有世界_{하니} 名淨光照耀_라 形如
珠貫_{이며} 依一切寶色珠瓔海住_{하야} 菩薩珠髻光明

마니운   이부기상   불찰미진수세계   위
摩尼雲으로 而覆其上하고 佛刹微塵數世界가 圍

요   순일청정   불호   최승공덕광
繞하야 純一淸淨하니 佛號는 最勝功德光이시니라

"이 가운데서 가장 아래쪽에 있는 세계의 이름은 정
광조요淨光照耀이고, 형상은 구슬꾸러미 같은데, 온갖 보
배빛진주영락바다를 의지하여 머물며, 보살의 진주상투
광명마니구름이 그 위에 덮이었고, 불찰미진수 세계가
둘러싸서 순일하게 청정하니, 부처님의 명호는 최승공
덕광最勝功德光이시니라."

차상   과불찰미진수세계   유세계   명묘
此上에 過佛刹微塵數世界하야 有世界하니 名妙

개   불호   법자재혜
蓋요 佛號는 法自在慧이시니라

"이 위로 다시 불찰미진수 세계를 지나서 세계가 있
으니 이름은 묘개妙蓋이고, 부처님의 명호는 법자재혜
法自在慧이시니라."

차상   과불찰미진수세계   유세계   명보
此上에 **過佛刹微塵數世界**하야 **有世界**하니 **名寶**

장엄사자좌   불호   대용연
莊嚴獅子座요 **佛號**는 **大龍淵**이시니라

"이 위로 다시 불찰미진수 세계를 지나서 세계가 있
으니 이름은 보장엄사자좌寶莊嚴獅子座이고, 부처님의 명
호는 대용연大龍淵이시니라."

차상   과불찰미진수세계   유세계   명출
此上에 **過佛刹微塵數世界**하야 **有世界**하니 **名出**

현금강좌   불호   승사자좌연화대
現金剛座요 **佛號**는 **昇獅子座蓮華臺**이시니라

"이 위로 다시 불찰미진수 세계를 지나서 세계가 있
으니 이름은 출현금강좌出現金剛座이고, 부처님의 명호는
승사자좌연화대昇獅子座蓮華臺이시니라."

차상   과불찰미진수세계   유세계   명연
此上에 **過佛刹微塵數世界**하야 **有世界**하니 **名蓮**

화 승 음　　　불 호　　지 광 보 개 오
華勝音이요 佛號는 智光普開悟이시니라

"이 위로 다시 불찰미진수 세계를 지나서 세계가 있
으니 이름은 연화승음蓮華勝音이고, 부처님의 명호는 지
광보개오智光普開悟이시니라."

차 상　　과 불 찰 미 진 수 세 계　　유 세 계　　명 선
此上에 過佛剎微塵數世界하야 有世界하니 名善

관 습　　　불 호　　지 지 묘 광 왕
慣習이요 佛號는 持地妙光王이시니라

"이 위로 다시 불찰미진수 세계를 지나서 세계가 있
으니 이름은 선관습善慣習이고, 부처님의 명호는 지지묘
광왕持地妙光王이시니라."

차 상　　과 불 찰 미 진 수 세 계　　유 세 계　　명 희
此上에 過佛剎微塵數世界하야 有世界하니 名喜

락 음　　　불 호　　법 등 왕
樂音이요 佛號는 法燈王이시니라

"이 위로 다시 불찰미진수 세계를 지나서 세계가 있으니 이름은 희락음喜樂音이고, 부처님의 명호는 법등왕法燈王이시니라."

此上에 **過佛剎微塵數世界**하야 **有世界**하니 **名摩尼藏因陀羅網**이요 **佛號**는 **不空見**이시니라

"이 위로 다시 불찰미진수 세계를 지나서 세계가 있으니 이름은 마니장인다라망摩尼藏因陀羅網이고, 부처님의 명호는 불공견不空見이시니라."

此上에 **過佛剎微塵數世界**하야 **有世界**하니 **名衆妙地藏**이요 **佛號**는 **焰身幢**이시니라

"이 위로 다시 불찰미진수 세계를 지나서 세계가 있으니 이름은 중묘지장衆妙地藏이고, 부처님의 명호는 염

신당焰身幢이시니라."

차 상   과불찰미진수세계   유세계   명금
此上에 **過佛刹微塵數世界**하야 **有世界**하니 **名金**

광 륜   불 호   정 치 중 생 행
光輪이요 **佛號**는 **淨治衆生行**이시니라

"이 위로 다시 불찰미진수 세계를 지나서 세계가 있
으니 이름은 금광륜金光輪이고, 부처님의 명호는 정치중
생행淨治衆生行이시니라."

차 상   과불찰미진수세계   유세계   명수
此上에 **過佛刹微塵數世界**하야 **有世界**하니 **名須**

미 산 장 엄   불 호   일 체 공 덕 운 보 조
彌山莊嚴이요 **佛號**는 **一切功德雲普照**이시니라

"이 위로 다시 불찰미진수 세계를 지나서 세계가 있
으니 이름은 수미산장엄須彌山莊嚴이고, 부처님의 명호는
일체공덕운보조一切功德雲普照이시니라."

차상 과불찰미진수세계 유세계 명중
此上에 **過佛刹微塵數世界**하야 **有世界**하니 **名衆**

수형 불호 보화상정월각
樹形이요 **佛號**는 **寶華相淨月覺**이시니라

"이 위로 다시 불찰미진수 세계를 지나서 세계가 있
으니 이름은 중수형衆樹形이고, 부처님의 명호는 보화상
정월각寶華相淨月覺이시니라."

차상 과불찰미진수세계 유세계 명무
此上에 **過佛刹微塵數世界**하야 **有世界**하니 **名無**

포외 불호 최승금광거
怖畏요 **佛號**는 **最勝金光炬**이시니라

"이 위로 다시 불찰미진수 세계를 지나서 세계가 있
으니 이름은 무포외無怖畏이고, 부처님의 명호는 최승금
광거最勝金光炬이시니라."

차상 과불찰미진수세계 유세계 명대
此上에 **過佛刹微塵數世界**하야 **有世界**하니 **名大**

명칭용왕당　　불호　　관등일체법
名稱龍王幢이요 **佛號**는 **觀等一切法**이시니라

　"이 위로 다시 불찰미진수 세계를 지나서 세계가 있
으니 이름은 대명칭용왕당大名稱龍王幢이고, 부처님의 명
호는 관등일체법觀等一切法이시니라."

　　차 상　　과 불 찰 미 진 수 세 계　　유 세 계　　　명 시
此上에 **過佛剎微塵數世界**하야 **有世界**하니 **名示**

현 마 니 색　　　불 호　　변 화 일
現摩尼色이요 **佛號**는 **變化日**이시니라

　"이 위로 다시 불찰미진수 세계를 지나서 세계가 있
으니 이름은 시현마니색示現摩尼色이고, 부처님의 명호는
변화일變化日이시니라."

　　차 상　　과 불 찰 미 진 수 세 계　　유 세 계　　　명 광
此上에 **過佛剎微塵數世界**하야 **有世界**하니 **名光**

염 등 장 엄　　　불 호　　보 개 광 변 조
焰燈莊嚴이요 **佛號**는 **寶蓋光徧照**이시니라

"이 위로 다시 불찰미진수 세계를 지나서 세계가 있으니 이름은 광염등장엄光焰燈莊嚴이고, 부처님의 명호는 보개광변조寶蓋光徧照이시니라."

此上에 過佛刹微塵數世界하야 有世界하니 名香
光雲이요 佛號는 思惟慧이시니라

"이 위로 다시 불찰미진수 세계를 지나서 세계가 있으니 이름은 향광운香光雲이고, 부처님의 명호는 사유혜思惟慧이시니라."

此上에 過佛刹微塵數世界하야 有世界하니 名無
怨讐요 佛號는 精進勝慧海이시니라

"이 위로 다시 불찰미진수 세계를 지나서 세계가 있으니 이름은 무원수無怨讐이고, 부처님의 명호는 정진승

혜해精進勝慧海이시니라."

차 상　　과 불 찰 미 진 수 세 계　　유 세 계　　명 일
此上에 過佛刹微塵數世界하야 有世界하니 名一

체 장 엄 구 광 명 당　　불 호　　보 현 열 의 연 화 자 재
切莊嚴具光明幢이요 佛號는 普現悅意蓮華自在

왕
王이시니라

"이 위로 다시 불찰미진수 세계를 지나서 세계가 있
으니 이름은 일체장엄구광명당—切莊嚴具光明幢이고, 부처님
의 명호는 보현열의연화자재왕普現悅意蓮華自在王이시니라."

차 상　　과 불 찰 미 진 수 세 계　　유 세 계　　명 호
此上에 過佛刹微塵數世界하야 有世界하니 名毫

상 장 엄　　형 여 반 월　　의 수 미 산 마 니 화 해 주
相莊嚴이라 形如半月이며 依須彌山摩尼華海住하야

일 체 장 엄 치 성 광 마 니 왕 운　　이 부 기 상　　이
一切莊嚴熾盛光摩尼王雲으로 而覆其上하고 二

십 불 찰 미 진 수 세 계　　위 요　　　순 일 청 정　　불
十佛刹微塵數世界가 圍繞하야 純一淸淨하니 佛

호　　청 정 안
號는 淸淨眼이시니라

"이 위로 다시 불찰미진수 세계를 지나서 세계가 있
으니 이름은 호상장엄毫相莊嚴이고, 형상은 반달과 같은
데, 수미산마니꽃바다를 의지하여 머물며, 온갖 장엄 치
성한 빛마니왕구름이 그 위에 덮이었고, 스무 불찰미진
수 세계가 둘러싸서 순일하게 청정하니, 부처님의 명호
는 청정안淸淨眼이시니라."

제11 금강보취金剛寶聚향수해의 법계행法界行세계종에도
매 층마다 낱낱이 그 형상과 의지하여 머무름과 위를 덮고
있음과 둘러싸고 있는 층수 등이 다 갖춰져 있으니 번거로
움을 피하기 위하여 생략하였다. 다만 제1층과 마지막 제
20층만 밝혔다.

12) 천성보첩天城寶堞향수해

(1) 등염광명燈焰光明세계종

제불자   차 금 강 보 취 향 수 해 우 선   차 유 향
諸佛子야 此金剛寶聚香水海右旋에 次有香

수 해   명 천 성 보 첩   세 계 종   명 등 염 광 명
水海하니 名天城寶堞이요 世界種은 名燈焰光明이라

이 보 시 일 체 평 등 법 륜 음   위 체
以普示一切平等法輪音으로 爲體하니라

"모든 불자들이여, 이 금강보취金剛寶聚향수해에서 오
른쪽으로 돌아서 다음 향수해가 있으니 이름이 천성보
첩天城寶堞이요, 세계종의 이름은 등염광명燈焰光明이니라.
온갖 것을 널리 보이는 평등한 법륜음성으로 체성을 삼
았느니라."

(2) 20층의 세계

차 중 최 하 방   유 세 계   명 보 월 광 염 륜   형
此中最下方에 有世界하니 名寶月光焰輪이라 形

여일체장엄구　의일체보장엄화해주　　유리
如一切莊嚴具며 依一切寶莊嚴華海住하야 瑠璃

색사자좌운　　이부기상　　불찰미진수세계
色獅子座雲으로 而覆其上하고 佛刹微塵數世界가

위요　　순일청정　　불호　　일월자재광
圍繞하야 純一淸淨하니 佛號는 日月自在光이시니라

　"이 가운데서 가장 아래쪽에 세계가 있으니 이름은
보월광염륜寶月光焰輪이고, 형상은 온갖 장엄거리 같은데,
온갖 보배장엄꽃바다를 의지하여 머물며, 유리빛사자좌
구름이 그 위에 덮이었고, 불찰미진수 세계가 둘러싸서
순일하게 청정하니, 부처님의 명호는 일월자재광日月自在
光이시니라."

　차상　　과불찰미진수세계　　유세계　　명수
此上에 過佛刹微塵數世界하야 有世界하니 名須

미보광　　불호　　무진법보당
彌寶光이요 佛號는 無盡法寶幢이시니라

　"이 위로 다시 불찰미진수 세계를 지나서 세계가 있
으니 이름은 수미보광須彌寶光이고, 부처님의 명호는 무

진법보당無盡法寶幢이시니라."

차 상   과 불 찰 미 진 수 세 계   유 세 계   명 중
此上에 過佛刹微塵數世界하야 有世界하니 名衆

묘 광 명 당   불 호   대 화 취
妙光明幢이요 佛號는 大華聚이시니라

"이 위로 다시 불찰미진수 세계를 지나서 세계가 있
으니 이름은 중묘광명당衆妙光明幢이고, 부처님의 명호는
대화취大華聚이시니라."

차 상   과 불 찰 미 진 수 세 계   유 세 계   명 마
此上에 過佛刹微塵數世界하야 有世界하니 名摩

니 광 명 화   불 호   인 중 최 자 재
尼光明華요 佛號는 人中最自在이시니라

"이 위로 다시 불찰미진수 세계를 지나서 세계가 있
으니 이름은 마니광명화摩尼光明華이고, 부처님의 명호는
인중최자재人中最自在이시니라."

차 상　과 불 찰 미 진 수 세 계　　유 세 계　　명 보
此上에 **過佛刹微塵數世界**하야 **有世界**하니 **名普**

음　　불 호　일 체 지 변 조
音이요 **佛號**는 **一切智徧照**이시니라

"이 위로 다시 불찰미진수 세계를 지나서 세계가 있으니 이름은 보음普音이고, 부처님의 명호는 일체지변조一切智徧照이시니라."

차 상　과 불 찰 미 진 수 세 계　　유 세 계　　명
此上에 **過佛刹微塵數世界**하야 **有世界**하니 **名**

대 수 긴 나 라 음　　불 호　무 량 복 덕 자 재 룡
大樹緊那羅音이요 **佛號**는 **無量福德自在龍**이시니라

"이 위로 다시 불찰미진수 세계를 지나서 세계가 있으니 이름은 대수긴나라음大樹緊那羅音이고, 부처님의 명호는 무량복덕자재룡無量福德自在龍이시니라."

차 상　과 불 찰 미 진 수 세 계　　유 세 계　　명 무
此上에 **過佛刹微塵數世界**하야 **有世界**하니 **名無**

변정광명　불호　공덕보화광
邊淨光明이요 佛號는 功德寶華光이시니라

"이 위로 다시 불찰미진수 세계를 지나서 세계가 있으니 이름은 무변정광명無邊淨光明이고, 부처님의 명호는 공덕보화광功德寶華光이시니라."

차상　과불찰미진수세계　유세계　명최
此上에 過佛刹微塵數世界하야 有世界하니 名最

승음　불호　일체지장엄
勝音이요 佛號는 一切智莊嚴이시니라

"이 위로 다시 불찰미진수 세계를 지나서 세계가 있으니 이름은 최승음最勝音이고, 부처님의 명호는 일체지장엄一切智莊嚴이시니라."

차상　과불찰미진수세계　유세계　명중
此上에 過佛刹微塵數世界하야 有世界하니 名衆

보간식　불호　보염수미산
寶間飾이요 佛號는 寶焰須彌山이시니라

"이 위로 다시 불찰미진수 세계를 지나서 세계가 있으니 이름은 중보간식衆寶間飾이고, 부처님의 명호는 보염수미산寶焰須彌山이시니라."

차상 과불찰미진수세계 유세계 명청
此上에 過佛刹微塵數世界하야 有世界하니 名淸

정수미음 불호 출현일체행광명
淨須彌音이요 佛號는 出現一切行光明이시니라

"이 위로 다시 불찰미진수 세계를 지나서 세계가 있으니 이름은 청정수미음淸淨須彌音이고, 부처님의 명호는 출현일체행광명出現一切行光明이시니라."

차상 과불찰미진수세계 유세계 명향
此上에 過佛刹微塵數世界하야 有世界하니 名香

수개 불호 일체 바라밀 무애 해
水蓋요 佛號는 一切波羅蜜無礙海이시니라

"이 위로 다시 불찰미진수 세계를 지나서 세계가 있으니 이름은 향수개香水蓋이고, 부처님의 명호는 일체바라밀무애해一切波羅蜜無礙海이시니라."

차 상   과 불 찰 미 진 수 세 계   유 세 계   명 사
此上에 過佛刹微塵數世界하야 有世界하니 名獅

자 화 망   불 호   보 염 당
子華網이요 佛號는 寶焰幢이시니라

"이 위로 다시 불찰미진수 세계를 지나서 세계가 있
으니 이름은 사자화망獅子華網이고, 부처님의 명호는 보
염당寶焰幢이시니라."

차 상   과 불 찰 미 진 수 세 계   유 세 계   명 금
此上에 過佛刹微塵數世界하야 有世界하니 名金

강 묘 화 등   불 호   일 체 대 원 광
剛妙華燈이요 佛號는 一切大願光이시니라

"이 위로 다시 불찰미진수 세계를 지나서 세계가 있
으니 이름은 금강묘화등金剛妙華燈이고, 부처님의 명호는
일체대원광一切大願光이시니라."

차상　과불찰미진수세계　　유세계　　명일
此上에 **過佛刹微塵數世界**하야 **有世界**하니 **名一**

체법광명지　불호　일체법광대진실의
切法光明地요 **佛號**는 **一切法廣大眞實義**이시니라

"이 위로 다시 불찰미진수 세계를 지나서 세계가 있으니 이름은 일체법광명지一切法光明地이고, 부처님의 명호는 일체법광대진실의一切法廣大眞實義이시니라."

차상　과불찰미진수세계　　유세계　　명진
此上에 **過佛刹微塵數世界**하야 **有世界**하니 **名眞**

주말평탄장엄　　불호　승혜광명망
珠末平坦莊嚴이요 **佛號**는 **勝慧光明網**이시니라

"이 위로 디시 불찰미진수 세계를 지나서 세계가 있으니 이름은 진주말평탄장엄眞珠末平坦莊嚴이고, 부처님의 명호는 승혜광명망勝慧光明網이시니라."

차상　과불찰미진수세계　　유세계　　명유
此上에 **過佛刹微塵數世界**하야 **有世界**하니 **名瑠**

리화　불호　보적당
璃華요 **佛號**는 **寶積幢**이시니라

"이 위로 다시 불찰미진수 세계를 지나서 세계가 있으니 이름은 유리화瑠璃華이고, 부처님의 명호는 보적당寶積幢이시니라."

차상　과불찰미진수세계　유세계　명무
此上에 **過佛刹微塵數世界**하야 **有世界**하니 **名無**

량묘광륜　불호　대위력지해장
量妙光輪이요 **佛號**는 **大威力智海藏**이시니라

"이 위로 다시 불찰미진수 세계를 지나서 세계가 있으니 이름은 무량묘광륜無量妙光輪이고, 부처님의 명호는 대위력지해장大威力智海藏이시니라."

차상　과불찰미진수세계　유세계　명명
此上에 **過佛刹微塵數世界**하야 **有世界**하니 **名明**

견시방　불호　정수일체공덕당
見十方이요 **佛號**는 **淨修一切功德幢**이시니라

"이 위로 다시 불찰미진수 세계를 지나서 세계가 있으니 이름은 명견시방明見十方이고, 부처님의 명호는 정수일체공덕당淨修一切功德幢이시니라."

此上에 過佛剎微塵數世界하야 有世界하니 名可
愛樂梵音이라 形如佛手며 依寶光網海住하야 菩薩
身一切莊嚴雲으로 而覆其上하고 二十佛剎微塵
數世界가 圍繞하야 純一淸淨하니 佛號는 普照法界
無礙光이시니라

"이 위로 다시 불찰미진수 세계를 지나서 세계가 있으니 이름은 가애락범음可愛樂梵音이고, 형상은 부처손 같은데, 보배광명그물바다를 의지하여 머물며, 보살몸 온갖 장엄구름이 그 위에 덮이었고, 스무 불찰미진수 세계가 둘러싸서 순일하게 청정하니, 부처님의 명호는 보

조법계무애광普照法界無礙光이시니라."

제12 천성보첩天城寶堞향수해의 등염광명燈焰光明세계종에
도 매 층마다 낱낱이 그 형상과 의지하여 머무름과 위를 덮
고 있음과 둘러싸고 있는 층수 등이 다 갖춰져 있으나 번거
로움을 피하기 위하여 생략하였다. 다만 제1층과 마지막 제
20층만 밝혔다.

이와 같이 화장세계품의 두 번째 권은 매 향수해에 있는
세계종의 20층을 올라가면서 세계의 이름과 부처님의 명호
를 밝혔다. 다음에는 가장 중앙에 있는 무변묘화광향수해
를 중심으로 열 개의 방향으로 펼쳐지면서 나열해 있는 향수
해와 그 향수해의 세계종들을 밝힌다.

화장장엄세계는 모두가 비로자나 부처님의 눈으로 보는
세계이다. 우리가 부처님의 눈을 갖추기 전에는 달리 논의할
경계가 아니리라. 그러나 오늘날은 지름이 10미터가 넘는
천체망원경이 발달하여 수십 억 광년의 거리 저쪽을 바라볼
수 있는 현실이 되었다. 좀 더 발달하여 지름이 1백 미터가
넘는 천체망원경을 만들어 더 멀리 볼 수 있다면 어느 날에

는 이와 같은 화장장엄세계를 어느 정도는 볼 수 있으리라 생각한다. 또 보이저 우주탐사선보다 몇 백 배 빠른 위성을 개발하여 지름이 1백 미터가 넘는 망원경을 장착하고 달려간다면 아마 화장장엄세계를 더 자세히 볼 수 있게 될 것이다.

화장세계품 2 끝

〈제9권 끝〉

華嚴經 構成表

分次	周次		内容	品數	會次
擧果勸樂生信分 (信)	所信因果周		如來依正	世主妙嚴品 第一 如來現相品 第二 普賢三昧品 第三 世界成就品 第四 華藏世界品 第五 毘盧遮那品 第六	初會
修因契果生解分 (解)	差別因果周	差別因	十信	如來名號品 第七 四聖諦品 第八 光明覺品 第九 菩薩問明品 第十 淨行品 第十一 賢首品 第十二	二會
			十住	昇須彌山頂品 第十三 須彌頂上偈讚品 第十四 十住品 第十五 梵行品 第十六 初發心功德品 第十七 明法品 第十八	三會
			十行	昇夜摩天宮品 第十九 夜摩天宮偈讚品 第二十 十行品 第二十一 十無盡藏品 第二十二	四會
			十廻向	昇兜率天宮品 第二十三 兜率宮中偈讚品 第二十四 十廻向品 第二十五	五會
			十地	十地品 第二十六	六會
			等覺	十定品 第二十七 十通品 第二十八 十忍品 第二十九 阿僧祇品 第三十 如來壽量品 第三十一 菩薩住處品 第三十二	七會
		差別果	妙覺	佛不思議法品 第三十三 如來十身相海品 第三十四 如來隨好光明功德品 第三十五	
	平等因果周	平等因		普賢行品 第三十六	
		平等果		如來出現品 第三十七	
托法進修成行分 (行)	成行因果周		二千行門	離世間品 第三十八	八會
依人證入成德分 (證)	證入因果周		證果法門	入法界品 第三十九	九會

會場	放光別	會主	入定別	說法別舉
菩提場	遮那放齒光眉間光	普賢菩薩爲會主	入毘盧藏身三昧	如來依正法
普光明殿	世尊放兩足輪光	文殊菩薩爲會主	此會不入定・信未入位故	十信法
忉利天宮	世尊放兩足指光	法慧菩薩爲會主	入無量方便三昧	十住法門
夜摩天宮	如來放兩足趺光	功德林菩薩爲會主	入菩薩善思惟三昧	十行法門
兜率天宮	如來放兩膝輪光	金剛幢菩薩爲會主	入菩薩智光三昧	十廻向法門
他化天宮	如來放眉間毫相光	金剛藏菩薩爲會主	入菩薩大智慧光明三昧	十地法門
再會普光明殿	如來放眉間口光	如來爲會主	入刹那際三昧	等妙覺法門
三會普光明殿	此會佛不放光・表行依解法依解光故	普賢菩薩爲會主	入佛華莊嚴三昧	二千行門
祇陀園林	放眉間白毫光	如來善友爲會主	入獅子頻申三昧	果法門

如天 無比

1943년 영덕에서 출생하였다. 1958년 출가하여 덕흥사, 불국사, 범어사를 거쳐 1964년 해인사 강원을 졸업하고 동국역경연수원에서 수학하였다. 10여 년 선원생활을 하고 1976년 탄허 스님에게 화엄경을 수학하고 전법, 이후 통도사 강주, 범어사 강주, 은해사 승가대학원장, 대한불교조계종 교육원장, 동국역경원장, 동화사 한문불전승가대학원장 등을 역임하였다.

2018년 5월에는 수행력과 지도력을 갖춘 승랍 40년 이상 되는 스님에게 품서되는 대종사 법계를 받았다. 현재 부산 문수선원 문수경전연구회에서 150여 명의 스님과 300여 명의 재가 신도들에게 화엄경을 강의하고 있다. 또한 다음 카페 '염화실'(http://cafe.daum.net/yumhwasil)을 통해 '모든 사람을 부처님으로 받들어 섬김으로써 이 땅에 평화와 행복을 가져오게 한다.'는 인불사상佛思想을 펼치고 있다.

저서로 『무비 스님의 유마경 강설』(전 3권), 『대방광불화엄경 실마리』, 『무비 스님의 왕복서 강설』, 『무비 스님이 풀어 쓴 김시습의 법성게 선해』, 『법화경 법문』, 『신금강경 강의』, 『직지 강설』(전 2권), 『법화경 강의』(전 2권), 『신심명 강의』, 『임제록 강설』, 『대승찬 강설』, 『당신은 부처님』, 『사람이 부처님이다』, 『이것이 간화선이다』, 『무비 스님과 함께하는 불교공부』, 『무비 스님의 증도가 강의』, 『일곱 번의 작별인사』, 무비 스님이 가려 뽑은 명구 100선 시리즈(전 4권) 등이 있고 편찬하고 번역한 책으로 『화엄경(한글)』(전 10권), 『화엄경(한문)』(전 4권), 『금강경 오가해』 등이 있다.

대방광불화엄경 강설 제9권

| 초판 1쇄 발행_ 2014년 7월 27일
| 초판 4쇄 발행_ 2025년 6월 25일

| 지은이_ 여천 무비(如天 無比)
| 펴낸이_ 오세룡
| 편집_ 박성화 손미숙 윤예지 정연주
| 기획_ 곽은영
| 디자인_ 고혜정 김효선 최지혜
| 홍보 마케팅_ 정성진
| 펴낸곳_ 담앤북스
　　　　서울특별시 종로구 새문안로3길 23 경희궁의 아침 4단지 805호
　　　　대표전화 02)765-1250(편집부) 02)765-1251(영업부) 전자우편 dhamenbooks@naver.com
　　　　출판등록 제300-2011-115호
| ISBN　978-89-98946-29-6　04220

정가 14,000원